해리포터와
피터팬은
친구가 될 수
있을까?

해리 포터와 피터 팬은 친구가 될 수 있을까?

이남석 지음

|주|자음과모음

같은 책으로 다른 의미를 발견하는 독서의 즐거움

나는 어른이다. 그래서 진지한 자리에서는 아이처럼 나대지 않고 제법 무게를 잡을 줄 안다. 하지만 다른 모습도 가지고 있다. 따지고 보면 별것 아닌 것에도 아이와 같이 오랫동안 헤죽거리는 경우가 사실은 더 많다. 좋은 일을 겪을 때뿐만이 아니다. 슬픈 일을 겪을 때도 마음은 아이와 똑같다. 다른 사람 앞에서 우는 것을 좀 참을 뿐, 감정 자체를 느끼지 않는 것은 아니다. 그런 내가 어른으로 확실히 성장했다고 느낄 때는 예전에 보고 느꼈던 것이 다르게 보이고 생각되어질 때이다.

예전에 마냥 좋은 것이라고 생각했던 책 속에 사실은 좋지 않은 요소가 숨어 있다는 것을 알게 되었을 때 마치 탐정이 되어 간악한 범인을 잡아낸 것 같은 쾌감을 느낀다. 반대로 나쁜 책이라고 생각했던 것에서 좋은 가치를 발견할 때는 억울한 누명을 벗겨주는 기분도 들었다. 그런 성장을 확인하는 독서의 즐거움과 보람을 여러분과 함께하기 위해 이 책을 집필했다. 어렸을 때 읽었거나 적어도 영화나 다른 매체를 통해서 접했을 만한 이야기를 주로 다루었다.

『잃어버린 시간을 찾아서』로 유명한 프랑스 작가인 마르셀 프루스트는 『독서에 관하여』에서 어렸을 때의 독서 경험의 중요성을 다음과 같이 말했다.

"지금도 예전에 읽었던 책들을 다시 뒤척이면, 그 책들은 묻혀버린 날들을 간직한 유일한 달력들로 다가오고, 책 페이지들에 이제는 더 이상 존재하지 않는 저택과 연못이 반사되어 보이는 것을 기대하게 된다."

즉 책 내용 자체뿐만 아니라 그 책을 읽을 때의 주변 상황, 사건, 친구, 가족, 자신의 느낌 등이 다시 그 의미를 살펴보는 즐거운 요소가 되는 것이다. 단지 즐거움에서 멈추는 것이 아니다. 책을 처음 읽었을 때의 어린 나는 현재 더 커진 나 자신과 만나며 자신이 겪고 느낀 것들의 의미에 대해 생각하고, 또 자라는 기묘한 체험을 한다. 그러면서 인생과 세상에 대해서 한 번 더 배운다.

독일 철학자 니체가 『도덕의 계보』에서 말했듯이 독서 자체는 "되새김질의 예술"이다. 독서를 통해 새로운 것을 발견하는 재미도 있지만, 자신이 예전에 발견해서 이미 알고 있다고 생각한 것을 한층 성숙해진 눈을 통해서 다른 면을 발견하는 재미도 있다. 마르셀 프루스트는 사실 후자에 더 큰 비중을 두며 다음과 같이 말하기도 했다.

"진정한 발견은 긴 항해 끝에 신천지를 발견하는 것과 같은 것이 아니라, 이미 익숙해져 있는 것이라도 새롭게 볼 줄 아는 것이다."

이 책을 집필하면서 가장 신경 쓴 부분은 단지 독서의 중요성을 주장하는 것이 아니었다. 바로 독서를 통해 진짜 책 속에 있는 바다를 보물 창고로 만드는 기술이었다. 배에 승선하여 쓸모 있는 물길을 개척하든 양식장을 설치하여 필요한 물고기를 키우든 여러분의 선택에 따라 달라지겠지만, 이 책은 개인적으로 시행착오를 거치고 학문적으로 검증된 여러 가지 독서법을 녹여내어 최대한 여러분의 기술을 발전시키는 데 도움이 되고자 했다.

나는 여러분이 독서에 대해서 좀 더 도전적인 생각을 갖기를 조언하고 싶다. 바닷길을 환히 꿰뚫는다 할지라도 길이란 어차피 다른 이들이 개척한 것이다. 먼저 개척한 사람보다 더 많은 것을 얻기는 힘들다. 양식장이 아무리 넓을지라도 바다에 비하면 하나의 점에 불과하다. 그러므로 스스로 새로운 길을 찾아 거대한 세계에 뛰어들어야 한다. 그렇게 하면 뭐가 좋을지는 각 개인에 따라 답이 다를 수 있다. 아니 그래야만 한다. 그렇게 각자 다른 것을 찾아 다양한 의미로 성장하는 데 이 책에 소개한 독서 기술과 지식이 조금이라도 도움이 되기를 바라며 서문을 마친다.

이남석

독후행 讀後行

책에 담긴 의미를 발견하고
독후감을 쓰는 것에서 더 나아가
교훈과 감동을 행동으로 옮겨 실천하는 것.

보리 오빠의 말

이 책은 어릴 적 누구나 읽었을 만한 7편의 이야기를 바탕으로 하고 있습니다.
한 번 읽은 책이라도 다시 읽을 때 그 의미가 새롭기 때문입니다.
같은 책이라도 읽기 방식에 따라 책의 의미와 가치가 달라집니다.

그런데 책을 다르게 읽는 것에도 연습이 필요해요.
제대로 읽어야 책 속의 의미를 행동으로 옮길 수 있습니다.

여러분의 독후행을 돕기 위해 보리 오빠가 나서야겠습니다.
각 장의 말미에 조언 사항을 덧붙였으니 참고해 주세요.

지금부터 독후행의 세계로 들어가 보겠습니다.

괴물들이 사는 나라

질문법으로 깊이 읽기

"
왜

괴물들이 사는 나라
라고 정했을까?

"

넌 누굴 닮아서 그러니?

독서라는 이름으로 처음 보게 되는 책은 글자가 빽빽이 적혀 있지 않다. 귀여운 캐릭터가 나오는 그림책, 화려한 색채를 자랑하는 그림책. 아예 그림이라기보다는 직접 자 대고 그려도 더 잘 그릴 것 같은 도형과 선분만 나오는 책도 있다. 이런 책은 그냥 곱게 읽지도 않는다. 입으로 빨고, 손으로 찢고, 발로 밟는 식으로 읽는다. 아니 읽는다기보다 가지고 논다는 것이 맞겠다. 그러다 글자를 읽게 되고, 뭔가 의미가 있는 책을 부모가 찾아 주면서 슬슬 독서의 방향이 나누어진다. 정서적 감동이 있는 독서인가, 실용적 지식과 관련된 독서인가로 말이다. 특히 그림책을 읽으면 주로 정서적 감동을 많이 느끼게 된다.

모리스 센닥의 그림책 『괴물들이 사는 나라』에서는 어떤 감동을 받았던 것일까? 그 답을 찾기 위해 미운 일곱 살 즈음의 우리 자신의 모습을 생각해 보자. 뭔가를 입으로 가져가 쭉쭉 빠는 대신, 입을 앞으로 쭉 내밀어 골난 표정을 짓는 경우가 많았다. 그즈음 우리에게는 자아가 생기고, 자연스럽게 점점 자신의 영역을 넓히며 부모를 밀어낸다. 그러면서도 멀리 떨어질까 봐 불안해한다. 심리학에서는 이것을 '분리 불안'이라고 하는데, 이 시기에는 부모의 사랑을 확인하기 위해 한계 지점까지 말썽을 일으키기도 한다. 덕분에 부모는 하루하루 달라지는 아이에게 적응하며 어른으로서의 일상을 꾸리는 것도 녹록하지 않다. 귀엽게 오물대던 아이의 입에서 험한 단어가 툭 튀어나올 때면 엄마의 입에서는 더 격한 말이 툭 터져 나간다. 지금까지의 이야기가 특정한 가정에만 해당되는 너무 심한 상황 묘사일까? 아니다. 모리스 센닥의 『괴물들이 사는 나라』가 전세계 베스트셀러가 된 것만 봐도 그렇다.

『괴물들이 사는 나라』의 주인공 맥스는 기껏해야 여덟 살 정도인 소년이다. 그 나이의 사내아이가 대개 그렇듯 못된 장난을 좋아한다. 아, 맥스 입장에서 보면 그저 재미있는 장난이다. 늑대 모양의 옷을 입고 엄마를 잠깐 놀라게 하는 정도이다. 그러나 혼자 육아를 담당하고 있는 엄마는 일상이 피곤하다. 그것을 알아주면 좋으련만 어디 아이가 그런가? 장난꾸러기 맥스는 평소처럼 엄마를 놀라게 하는 장난을 친 것인데, 무슨 일이 있었는지 엄마는 참지를 못한다.

그래서 맥스에게 이렇게 소리친다.

"이 괴물딱지 같은 녀석!"

맥스도 화가 난다. 그래서 엄마에게 이렇게 말한다.

"그럼, 내가 엄마를 잡아먹어 버릴 거야!"

진짜 늑대처럼. 아니, 많이 삐친 아이답게.

화가 난 엄마는 맥스를 방 안에 가둬 놓고 저녁밥도 주지 않는다. 벌을 받는 맥스. 하지만 화가 난 상태에서 골방에 갇힌다고 저절로 반성이 되던가. 속으로 뭔가가 솟구쳐 올라온다. 큰 소리를 질러도 다 풀릴 것 같지 않은 커다란 무언가가 맥스를 괴롭힌다. 그 순간 갇혀 있던 맥스의 방에서 나무와 풀이 자라기 시작한다. 방은 어느새 새로운 세상이 되어버린다.

맥스는 눈앞에 보이는 배를 타고 항해를 시작한다. 장난꾸러기 소년은 자신이 좋아하는 모험담의 주인공처럼 호기심 가득한 눈으로 배를 저어 나간다. 어느 섬에 도착한 맥스. 이런 세상에, 그 섬에는 맥스보다 훨씬 덩치가 큰 괴물들이 살고 있었다. 괴물들은 맥스를 보자마자 무서운 소리로 으르렁대고, 날카로운 이빨을 부드득 갈고, 커다란 눈알을 굴리고, 발톱을 세우며 위협한다. 그러나 맥스는 괴물들에게 "조용히 해!"라고 호통을 친다. 그러자 오히려 괴물들이 맥스를 무서워한다.

일순간에 괴물들이 사는 나라를 접수하고 왕이 된 맥스. 수시로 괴물들과 함께 논다. 무섭게 굴던 괴물들도 아이처럼 논다. 맥스는 괴물들과 정말 한없이 행복한 시간을 보낼 수 있을 것 같았다. 그런데 시간이 갈수록 맥스는 점점 집이 그리워졌다. 머나먼 세계 저편에서 맛있는 냄새가 풍겨 와서 참을 수 없었다. 맥스는 괴물 나라의 왕을 그만두기로 결심한다.

그러나 올 때는 자유롭게 왔어도 갈 때는 그렇지 않았다. 괴물들은 집으로 돌아가려는 맥스를 붙잡았다. 그리고 겁을 주며 이렇게 말했다.

"제발 가지마. 가면 잡아먹어 버릴 테야."

하지만 맥스는 괴물들에게 작별 인사를 하고 집으로 떠난다. 집에 도착한 맥스를 기다리는 것은 맛있는 저녁밥이었다. 저녁밥은 여전히 따뜻했다.

『괴물들이 사는 나라』의 이야기는 이렇게 끝난다. 간단한 줄거리의 그림책 이야기. 그러나 이 이야기에는 오묘한 비밀이 빼곡히 숨어 있다. '질문'이라는 열쇠를 제대로 활용해야 겉 이야기 상자 속에 숨겨진 보물 같은 비밀을 얻을 수 있다.

창의적 발견을 하게 만드는 독서법
일단 "왜?"라고 질문하기

사람들은 해변에 가면 주로 바다와 모래사장을 있는 그대로 바라보며 노느라 정신이 없다. 그것은 백 년 전이나 지금이나 별 차이가 없는 모습일 것이다. 그런데 해변에서 세심한 관찰을 한 사람이 있다. 그의 이름은 베게너이다. 그가 한 것은 천재만이 할 수 있는 종류의 것은 아니었다. 그는 지도를 보고 남아메리카 동해안 경계선이 서아프리카 서해안 경계선과 서로 잘 들어맞는다는 사실에 주목했다. 보통 사람들은 재미있는 우연이라고 생각하고 넘기겠지만 베게너는 그러지 않았다.

"왜 이런 것일까?"

이 질문에 답을 하기 위해 여러 증거를 모으고 직접 해안선을 관찰하면서 점점 더 생각을 발전시켜 나갔다. 그리고 급기야 1912년에는 '대륙이동설'을 논문으로 발표하기에까지 이르렀다.

"하나의 초대륙(판게아)이 분열하여 오랫동안 이동한 결과 오늘날과 같은 대륙이 이루어졌다. 현재에도 오스트레일리아와 남극을 제외한 지구상의 5대 대륙이 서로 천천히 이동하고 있다."

지금은 초등학생용 과학 도서에도 나오는 이야기이다. 당대에 지도를 갖고 있는 사람이라면 여러 대륙의 해안선 모양은 다 볼 수 있었다. 그렇게 누구나 볼 수 있는 것에서 그는 새로운 발견을 했다. 베게너는 자신의 눈으로 세상의 것들을 읽어 내기 시작했다. 분야가 다른 것들을 모아 자신의 주제에 맞게, 즉 자신의 맥락으로 이해하고 재해석하여 새로운 지식으로 연결시켰다. 그 출발점은 바로 "왜?"라는 질문이었음을 잊지 말아야 한다.

그저 눈을 부릅뜨고 사물을 본다고 발견을 잘하게 되는 것이 아니다. 자신의 관점에서 질문을 던지고 근거를 모을 때에서야 의미 있는 발견을 할 수 있게 되는 것이다. 책에는 분명 많은 지혜가 있지만 단편적인 생각에 빠져 있으면 그것을 얻을 수 없다. 다른 사람들은 너무 좋다며 보물섬을 발견한 것처럼 환호성을 지르는 책을 들고서도 하품이 나온다면 그것은 책이라는 대상의 문제가 아니라 그 책을 읽는 나의 능력과 준비의 문제라는 생각을 할 필요가 있다.

보물도 자신이 옮길 수 있는 것만큼 가질 수 있듯이, 책 속의 지혜도 자신의 능력만큼 가질 수 있다. 단편적이고 성긴 생각의 그물을 던지면 대충 얻기 좋은 것만 가질 수 있고, 촘촘한 생각의 그물을 던지면 남들이 갖지 못한 것까지도 가질 수 있다. 이때 생각의 그물을 촘촘하게 만드는 기술이 바로 질문이다. 구체적으로는 "왜"라는 질문을 하는 것이다.

세계적 자동차 회사인 도요타는 어떤 문제에 대해서 5번 연속해서 "왜?"라는 질문을 던지며 생각하는 '5 why' 기법으로 큰 효과를 보았다. 꼭 다섯 번이라는 숫자를 맞출 필요가 있는 것은 아니다. 여러 번 "왜?"라는 질문을 던지며 깊이 생각을 하는 것이 핵심이다. '5 why' 기법을 활용한 질의응답의 예는 다음과 같다.

예를 들어 지구 온난화 문제에 대해서 수행 과제를 부여받았다고 하자. 그저 인터넷에서 구한 정보를 짜깁기하면 다른 사람과 구별되는 결과물을 얻기 힘들다. 자신만의 발견이 있는 결과물을 만들려면 출발점부터 달라야 한다. 앞에서 강조한 "왜?"라는 질문을 해 보자. 즉 "왜 지구 온난화가 발생하는 걸까?"라고 자신에게 물어보자. 그러면 "환경 공해 때문이다"라는 식으로 비교적 쉽게 답을 찾을 수 있을 것이다. 여기서 멈춘다면 촘촘하게 생각의 그물을 만드는 것이 아니다. "왜?"라는 질문을 계속해야 남다른 발견을 하는 생각을 할 수 있다. 즉 "왜 환경 공해는 계속 심해질까?"라고 질문을 해 보자.

여러분은 어떤 답을 하겠는가? 다양한 답이 있겠지만 주된 내용은 "무분별한 개발과 오염 물질의 배출 때문이다"로 정리가 될 것이다. 거기에서 멈추지 말고 또 질문하자. "왜 무분별한 개발과 오염 물질의 배출은 계속될까?" 이렇게 질문하면 처음에 답을 했던 것보다 훨씬 심도 있는 발견이 시작된다. 어쩌면 다음과 같은 문답을 스스로 하게 될지도 모른다.

"사람들이 환경에 대한 피해를 생각하지 않고 지금 당장 하고 싶고 누리고 싶은 것만 생각하며 개발하고 소비하기 때문이다."

"왜 사람들은 무분별한 개발과 소비를 그만두지 못할까?"

"방송에서 보여지는 화려한 삶을 따라하고 싶기 때문이다."

"왜 방송에서는 그런 삶을 더 잘 보여 주는 것일까?"

"시청률을 높이기 위해서는 자극적인 내용이 더 효과적이며, 방송 프로그램에 광고를 하면 돈도 받을 수 있기 때문이다."

이런 식으로 해 나가면서 정보를 모으고 문제점을 분석한 후 그에 맞는 대안을 찾는다면 창의적 관점이 녹아든 남다른 결과물을 만들 수 있을 것이다.

그렇다면 이제 질문의 힘을 이용해서 『괴물들이 사는 나라』를 보자. 우선 책 제목부터 살펴보자.

"왜 『괴물들이 사는 나라』라고 정했을까?"

"작가가 강조하고 싶어서 제목을 그렇게 정했을 거야."

"그러면 왜 주인공의 이름을 활용한 다른 책처럼 맥스의 모험이라고 하지 않고, 괴물들이 사는 나라를 더 강조하려고 했을까?"

"그것은 이야기에서 맥스보다 괴물이 중요하기 때문일 거야."

"이야기를 보면 주인공이 중요하게 처리되는 게 상식인데, 왜 작가는 조연에 해당하는 괴물을 그렇게 중요시한 것일까?"

"그것은 어쩌면 괴물이 더 중요해서 그런 것이 아닌가 싶어."

"그러면 왜 맥스를 먼저 등장시키고 마지막 마무리까지 하게 만든 것일까?"

우리는 네 번째 "왜?"라는 질문을 던진 덕분에 이야기의 핵심에 접근하게 되었다. 즉 괴물을 동화 속에 나오는 여느 괴물이나 장난스러운 도깨비처럼 대하면 설명이 되지 않는 부분이 있다는 것을 발견하게 되었다.

"작가는 왜 하필 괴물을 등장시켜 현실적인 아이와 만나게 한 것일까?"

괴물은 현실에 없는 존재이다. 작가가 환상 속 존재인 괴물을 비중 있게 쓰면서 이야기를 만들었을 때는 그 괴물의 역할이 주제와 큰 연관이 있다고 추측해 볼 수 있다. 굳이 현실에 없는 괴물이라는 존재를 등장시킨 이유는 그것이 현실적인 존재를 비유하는 수단이 되기 때문은 아닐까?

괴물은 무엇일까?

생각하는 힘을 기르기 위해서 한번 질문해 보자. "왜?"라는 질문의 연속 끝에 다른 종류의 질문이 나왔다면 이제부터는 굳이 "왜?"라는 것에 묶이지 말고 생각을 자유롭게 진전시켜도 좋다. 예를 들어 다음과 같이 질문을 하는 것이다.

"이 책에서 괴물은 무엇일까?"

어떤 사람은 어른이라고 말할 것이다. 짐짓 무서운 척하지만 아이가 강하게 나가면 결국 굴복하는 어른. 현실에서는 혼을 낼 때가 더 많지만 환상 속에서는 자신과 잘 놀아주는 어른. 그렇게 『괴물들이 사는 나라』를 읽을 수도 있다. 그러나 질문을 해 보자.

"그런데 주인공은 누구지?"

어른에 대한 이야기라면 주인공이 어른이어야 하지 않을까? 적어도 현실 속 어른의 모습이 더 많이 나타나 독자가 비교할 수 있도록 했어야 하지 않을까?

주인공은 어린 아이인 맥스이다. 그렇다면 맥스와 가장 가까운 것에서부터 탐색을 시작해 보자. 즉 가까운 가족이나 친구가 아닌, 바로 맥스 자기 자신 말이다.

만약 괴물이 맥스 자신의 마음을 상징하는 것이라고 하면 어떨까? 쉽게 상처받는 마음, 쉽게 화를 내는 마음, 바보 같은 짓을 벌이는 마음 등등이 각각 괴물이 되어 나온 것이라면 어떨까? 그러면 괴물들이 사는 나라는 곧 맥스가 왕일 수밖에 없는 맥스의 마음인 것이다.

줄거리를 다시 살펴보자. 괴물의 행동은 아이인 맥스와 많이 닮아 있다. 처음에 괜히 센 척한다. 그러다 상대방이 자기보다 강하게 주장하면 상처를 받는다. 상처받은 마음은 자신의 약함을 숨기려 반대로 강한 척을 한다. 그래서 상처받은 사람은 즉각적으로 공격적인 행동을 보인다. 엄마를 잡아먹어 버리겠다고 으름장을 놓는 맥스처럼. 그리고 맥스가 떠난다고 할 때 잡아먹어 버리겠다고 하는 괴물처럼. 자신을 모욕하는 말을 들었을 때 "그럼 너는 잘 났니?"라고 쏘아붙이는 것으로 자신의 상처를 감추려는 청소년처럼. 아니, 아직도 마음은 어린 어른처럼.

신기한 것은 맥스가 괴물들과 신나게 놀고 나서 마음이 풀렸다는 것이다. 괴물들과의 시간이 즐거우면서도 집으로 돌아가고 싶은 마음이 들 정도로 말이다. 괴물들과 노는 장면을 보면서 즐겼던 독자에게도 집으로 돌아가려는 맥스가 그다지 이상해 보이지 않는다.

이 대목에서 분명히 짚고 넘어가야 할 것이 있다. 맥스의 마음에 있는 상처를 치유한 것은 골방에 갇히는 처벌이 아니었다. 그렇다고 고래도 춤추게 한다는 칭찬도 아니었다. 혹은 상처를 준 사람에 대한 보복도 아니었다. '나는 왜 이렇게 말도 안 되는 짓을 하는 것일까?' 하는 자책도 아니었다. 이쯤에서 질문을 해 보자.

"무엇이 맥스를 다시 밝게 만들고 성장시켰을까?"

맥스가 겪은 일들을 다시 살펴보도록 하자. 맥스는 환상 속에서 괴물과 놀았다. 즉 자기 뜻대로 하려고 하는 자신의 마음과 만나서 놀았다. 그리고 다시 현실로 돌아오는 것으로써 상처를 치유했다. 어린 마음을 가진 사람이 성장하기 위해 필요한 것이 바로 이것이다. 자신의 억압된 마음을 확인하고, 그것을 슬기롭게 이겨내는 기회를 가져야 성장할 수 있다.

좋은 이야기일수록 너무 자연스럽게 흘러가서 다른 경우의 수를 생각하기 힘든 경우가 많다. 하지만 이야기의 주제를 표현하고자 한 작가의 의도를 발견하기 위해서는 그 자연스러움을 일부러 뒤트는 다음과 같은 질문을 하는 것이 좋다. 우리가 본 이야기의 흐름을 역추적하기 좋은 방법이다.

"만약 맥스가 상상 속 세계인 괴물들의 나라에서 계속 살았다면 어떻게 되었을까?"

맥스가 상처를 받은 현실과 대면해서 성장하는 것은 영영 불가능했을 것이다. 마음속의 아이는 연약하게 남아 나이가 들어도 비슷한 상황에서 계속 상처를 받았을 것이다. 엄마, 아빠, 친구, 애인, 직장 상사, 동료 등 대상만 바꾸며 그들의 일시적 행동에 영원히 상처를 받는 피해 의식만 키웠을 것이다. 그리고 반대로 상처가 없는 환상의 세계를 더 동경하게 되었을 것이다. 심하면 애초에 상처를 입지 않기 위해 냉정함의 갑옷을 입고 다른 사람을 철저히 밀쳐 낼 수 있다. 아니면 현실을 잊고 환상을 지속하기 위해 술이나 약을 찾을 수도 있다. 작정하고 일부러 자기 인생을 망치는 사람은 별로 없다. 그러나 여러 가지 이유로 마음의 병을 얻게 되면 불행한 삶을 살게 된다.

괴물들을 어떻게 대해야 할까?

여러 질문을 통해 발견한 바에 따르면 『괴물들이 사는 나라』는 우리의 마음에 대한 이야기이다. 즉 우리의 마음이 바로 괴물들이 사는 나라이다. 우리는 주인공 맥스처럼 마음속에 자신도 어찌지 못하는 괴물을 여러 개 갖고 있다. 어떤 때는 함께 재미있게 놀 수 있지만, 어떤 때는 불같이 화를 내거나 자기 마음대로 하려고 해서 도저히 손을 댈 수가 없다. 어떤 사람은 시간이 지나서 괴물이 잠잠해지기를 기다리는 수밖에 없다고 생각한다. 하지만 그보다 더 현명한 사람은 다른 방법을 쓴다. 괴물이 본성을 드러내기 전에 다른 방법으로 공격성을 분출시킬 수 있도록 한다. 그림을 보거나 직접 그림을 그리거나, 음악을 듣거나 직접 음악을 하거나, 운동 경기를 보거나 직접 운동을 하면서 억압되었던 마음을 풀어 준다. 아이들이 『괴물들이 사는 나라』를 좋아하는 이유도 자신들이 가졌던 억압된 마음이 스르르 풀리기 때문이다.

어린 시절에 우리는 이런 사실을 알아서 감동을 받고 재미를 느꼈던 것일까? 아니다. 모리스 센닥이라는 능수능란한 작가가 어린 독자의 마음을 이야기로 은근하게 쓰다듬어 주기 때문이다. 덕분에 비평가처럼 작품을 해석할 줄 몰라도 재미와 감동을 느낄 수 있는 것이다. 다만 독서의 원리를 알고 나면 재미와 감동을 넘어 상대방과 자신에게 좀 더 너그러워질 수 있다. 이렇게 성장에 따라 같은 책을 다르게 읽을 수 있는 것이 독서의 매력이다.

다르게 읽는 재미를 얻기 위해서는 다르게 생각해 볼 수 있는 질문을 하는 것이 좋다. 책을 읽는 중간 중간에 하는 질문도 좋지만, 이야기가 끝난 다음에 맥스의 행동을 떠올려 보면서 과감하게 다음과 같은 질문을 할 수도 있다.

"억압된 마음이 상처가 될 것을 두려워해서 뭐든지 다 분출하면 어떨까?"

이 책은 이 다른 경우의 수에 대한 답까지 마련하고 있다. 괴물들이 사는 나라에 가서도 아슬아슬하게 마찰을 피해가는 맥스를 통해, 결국 뭐든 다 분출하는 것은 당사자에게 좋지 않다는 것을 보여 준다. 당연한 이야기이다. 왜냐하면 가정의 울타리를 벗어난다고 해서 혹은 자기가 굴레라고 생각했던 뭔가를 벗어난다고 해서 마음대로 할 수 있는 세상이 아니기 때문이다. 다른 사람과 더불어 살아야 할 뿐만 아니라, 사회에는 엄연히 규칙이 있어서 그것을 따라야 한다. 그럼에도 불구하고 뭐든지 원하는 대로 해주면 상처 없이 잘 클 것이라 생각하며 아이들의 입장에서만 좋은 것을 찾아주려는 부모가 있다. 아이는 나중에 자신의 마음대로 되지 않는 세상 앞에서 큰 상처를 받고, 그 충격 때문에 영영 일어나지 못할 수 있다. 그러므로 독서라는 간접 체험을 통해 우리는 자기 자신을 부모의 마음으로 키울 줄도 알아야 한다.

『괴물들이 사는 나라』를 읽을 때 우리는 감정이입을 통해 스스로 등장인물이 되어 자신의 욕망을 맘껏 쏟아낼 수 있다. 아이들은 괴물들과 신나게 노는 장면 하나 때문에 이 책을 좋아하는 것이 아니다. 마지막 부분에 맥스의 엄마가 저녁밥을 따뜻하게 지어 준 장면이 나온다. 엄마는 맥스에게 화가 나서 소리를 질렀지만 변함없는 사랑의 마음으로 따뜻한 저녁밥을 지어 준 것이다. 부모의 사랑에 대한 신뢰를 아이가 자연스럽게 느끼면서 행복한 감정을 느끼기 때문에 이 책을 좋아하는 것이다.

인간의 마음속에는 여러 욕구를 가진 괴물이 있을 수밖에 없다. 그것을 억지로 한 번에 없애려 해서는 안 된다. 그 괴물 같은 마음을 통해서 무언가에 미친 듯이 매달리는 열정이 생기기 때문이다.

인간의 순수한 감성에 민감한 예술가들은 자신의 마음이 가리키는 곳으로 끝까지 내달린다. 그래서 열정이 담긴 작품을 내놓는다. 그렇다고 해서 아예 괴물이 마음대로 하도록 내버려 두는 것도 좋지 않다. 도를 넘어서 큰 사고를 내기도 하기 때문이다. 마약이나 스캔들 등으로 스스로 파멸의 구렁텅이에 빠지는 일부 예술가가 있는 것처럼 말이다. 그러니 사회적 규칙 안에서 자신의 욕구를 해결하도록 유도해야 한다.

『괴물들이 사는 나라』는 결국 이렇게 조언을 하는 셈이다. 잘 성장하고 싶으면 일단 환상을 통해서라도 자신의 욕구를 분출할 수 있도록 해라. 그리고 주변 사람은 당사자를 꼭 감싸 주어라.

어린 아이가 갖고 있는 마음은 오묘하다. 시시각각 상태가 변한다. 그런데 그것은 부모 또한 마찬가지다. 한없이 자애롭다가도 화가 나면 괴물처럼 돌변할 수도 있다. 아이와 어른이 갖고 있는 이 오묘한 마음 때문에 때로는 갈등이 일어나기도 하지만 반대로 멋진 조화가 일어나기도 한다. 환상을 통해서라도 분출한 욕구는 아이와 부모 사이에 멋진 조화를 이뤄내고 모두의 행복과 성장을 돕는다.

여러분 자신의 경험을 되새김질해 보자. 『괴물들이 사는 나라』를 처음 읽던 시절과 지금 모두를 말이다. 답은 명확하게 떠오를 것이다.

『괴물들이 사는 나라』는 2009년 스파이크 존즈 감독의 영화로도 제작되었다. 모리스 센닥의 상상력에 영화감독의 창의성이 합쳐져 책이 주는 감동은 물론 이해력도 높여 주는 좋은 작품이다.

영화를 보면서 어떤 괴물이 가장 친구처럼 느껴지는지 이야기해 보자. 아마 자신의 무의식에서 가장 많은 부분을 차지하고 있는 마음의 모습일 것이다. 그리고 자신에게 물어 보자. 나의 어린 시절에는 어땠는지, 그리고 지금은 어떤지 말이다. 가족과 함께 이야기하면 더욱 좋다. 각자의 느낌을 이야기하다 보면 공동의 경험을 나누며 함께 성장하는 기회를 갖게 된다. 그렇게 작가가 작품 속에 숨겨 놓은 보물들을 찾다 보면 '괴물들이 사는 나라'가 아니라, '사람들이 더불어 행복하게 사는 나라'를 만들 수 있다.

소크라테스 질문법으로 책 읽기

"질문하는 것으로 가르칠 수 있을까? 나는 네 질문 뒤에 있는 것들을 이제야 알기 시작했다. 너는 내가 알고 있는 사물을 통해서 나를 이끌어 그 사물과 비슷한 것들을 만나게 하고, 결국 내가 알지 못했다고 생각한 것들이 무엇인지를 비로소 알게 해주었다." _소크라테스(고대 그리스 철학자)

역사 속에서 질문법으로 가장 유명한 사람은 지금으로부터 2,400년 전 고대 그리스의 소크라테스이다. 그는 상대방에게 답을 주기보다는 끊임없는 질문으로 가르쳤다. 그것도 질문을 통해 특정한 답을 깨닫게 한 것이 아니다. 소크라테스의 문답은 항상 "아직도 그것은 모른다"라고 질문자나 응답자가 털어놓는 것으로 끝났다고 한다. 문답법을 통해 무지의 고백을 한 사람 중에는 소크라테스에게 분노한 사람도 있었지만, 플라톤처럼 지혜를 사랑하는 마음을 다시 확인해서 더욱 열심히 공부한 사람도 있었다.

답을 찾지 못할까 봐 질문조차 하지 않는 것은 나쁘다. 답을 찾지 못해도 질문을 하면 지혜를 얻을 수 있다. 그러니 질문하는 것을 두려워해서는 안 된다.

소크라테스는 기본적으로 다음과 같은 내용으로 질문을 던졌다. 책을 읽으면서 자기 자신이나 다른 사람에게 질문을 한다면 지혜에 더 접근할 수 있으니 부디 적극적으로 활용하기를 부탁하고 싶다.

생각을 명확하게 하기 위한 질문

- 왜 그렇다고 생각하니?
- 네 생각의 핵심이 무엇이니?
- 네 생각을 한번 요약해 볼래?
- 좀 더 자세히 설명해 줄래?
- 이 문제의 가장 중요한 측면은 무엇이니?

가정을 다시 확인하게 만드는 질문

- 네가 주장할 때 기본적으로 가정하고 있는 것이 무엇이니?
- 너는 이렇게 가정하고 있는 것 같은데, 내가 이해한 게 맞니?
- 가정을 다르게 할 수는 없을까?
- 가정을 검증하거나 부정할 수 있는 방법은 없을까?
- 가정 속에 당연하게 생각하는 편견이 들어가 있는 것은 아닐까?

원인과 증거를 찾게 하는 질문

- 이 문제에 대한 구체적인 예로는 무엇이 있을까?
- 이것과 비슷한 것으로는 무엇이 있을까?
- 무엇이 이런 문제를 일어나게 만들었다고 생각하니?
- 이것과 관련되어 더 찾아볼 정보로는 무엇이 있을까?
- 방금 말한 것이 사실이라는 것을 어떻게 알 수 있지?

관점에 대한 질문

- 이 문제를 해결할 수 있는 대안은 무엇일까?
- 고려할 수 있는 다른 측면은 없을까?
- 네 의견이 가장 좋다고 생각하는 이유는 무엇이니?
- 네 대안이 왜 필요하며, 누가 이익을 보게 되는지 설명해 줄래?
- 혹시 네 의견에 대해서 누가 반박을 한다면 어떻게 할까?

시사점과 결과를 생각하게 만드는 질문

- 네 생각을 바탕으로 일반화할 수 있는 원리 같은 것이 없을까?
- 네가 지금 내린 결론과 연결되는 것을 학교에서 배우거나 경험한 적 없니?

- 네 의견과 관련되어 일어날 가능성이 큰 사건은 무엇이고, 반대로 가능성이 희박한 사건은 무엇이니?
- 이 문제를 해결하기 전에 꼭 살펴봐야 하는 다른 문제는 없니?
- 만약 이렇게 바뀌었다면 문제가 어떻게 바뀌었을까?

눈치가 빠른 독자라면 앞서 『괴물들이 사는 나라』를 살펴볼 때 던졌던 질문과 유사한 내용을 확인할 수 있을 것이다. 사실 이 책의 전체 내용은 기본적으로 소크라테스 질문법을 바탕에 두고 실행한 결과이다. 저자의 질문들을 확인하고, 스스로 다른 질문을 던지며 읽는다면 이 책 자체에 대해서도 더 재미있는 독서를 경험하게 될 것이다.

두번째
읽기

인어공주

1인칭 주인공 시점으로 바꿔 읽기

"인어공주는
사랑 이야기일까,
고통에 대한 이야기일까?**"**

사랑에 대해서는 민감한 시기

어른들은 "학생은 공부만 열심히 하라"고 한다. 하지만 당사자인 학생은 그 말을 따르기 힘들다. 공부 자체가 힘들고 재미없어서만이 아니라, 우정이나 사랑을 중심으로 한 인간관계와 진로, 사회적 사건 등 다른 것에도 마음을 쓰며 성장해야 하는 시기에 있기 때문이다. 그중에서 단연 청소년의 가슴을 뒤흔드는 것은 바로 사랑이다.

청소년기에는 방송, 노래, 영화 등 대중문화를 통해 사랑 이야기를 많이 접한다. 그 속에는 건전한 사랑도 있지만 배신과 실연이 얼룩져 있는 사랑 이야기도 있다. 사랑을 해 본 적이 없는 청소년들은 그런 이야기를 통해 간접적으로 사랑을 체험한다. 그리고 자신이 간접 체험한 사랑을 바탕으로 진짜 사랑을 추측한다. 진짜 사랑을 하게 되었을 때는 자신이 간접 체험으로 알고 있던 사랑의 모습을 가급적 많이 닮으려 노력한다. 그런데 여기에서 중요한 생각 포인트가 있다.

"우리가 간접 체험하는 사랑은 정말 좋은 사랑인 것일까?"

답을 찾기 힘들다 싶으면 "그저 가슴이 떨리면 좋은 사랑이다"라는 식으로 넘어가려 한다. 특히 남학생의 경우 이런 경향이 심하다. 이에 비해 여학생의 경우에는 사랑에 대해서 관심이 많다. 발달 과정상 또래 남자보다 성숙한 탓도 있지만, 자신의 몸의 변화에 민감하다 보니 더욱 어른이 된 듯한 기분으로 사랑을 생각하는 것이다. 그래서 사랑에 대한 동화를 들이밀면 시시하다고 여기기도 한다. 대신에 연예인 커플의 사랑 이야기나 영화 속 격정적 사랑 이야기에 더 마음이 움직인다. 그런 사랑이 현실에서 이뤄지기는 동화만큼이나 어려워도 왠지 더 멋진 것 같아 보인다.

나는 개인적으로 두 딸에게 사랑에 대한 이야기를 해 줄 때 『인어공주』를 소재로 했다. 먼저 디즈니에서 만든 애니메이션을 보여줬다. 아이들은 재미있게 영화를 보았고 해피엔딩이어서 그런지 아주 즐거워했다. 그러나 안데르센 원작 그대로의 『인어공주』 책을 읽을 때는 뜻밖의 반응을 보였다.

"이게 무슨 사랑 이야기야. 그냥 슬픈 이야기잖아."

처음에 나는 이렇게 타일렀다.

"사랑에는 기쁨도 있고 슬픔도 있단다. 그런데 너희들은 사랑의 어두운 면을 부정하고 있구나. 대부분 그렇게 생각하기 쉬워. 그런데 나이가 들어서도 사랑의 어두운 면은 보지 않고 밝은 부분만 과장해서 보면 결국 더 큰 마음의 상처를 입을 수 있어. 그런 생각에서 벗어나야만 해. 사랑을 하면 무조건 행복해야 하는 것이라며 상대방에게 자신을 더 행복하게 해 달라고 조르지. 그러다가 그만 관계가 멀어지게 되어 불행한 상태에 빠질 수도 있어."

큰 딸은 어이없다는 표정으로 나를 쳐다봤다.

"아니, 그게 아니라 이건 정말 내가 꿈꿔왔던 사랑 이야기가 아니라고."

반항심이 많은 사춘기 소녀의 당당함과는 사뭇 다른 느낌이었다. 정말 뭔가 논리를 갖고서 이야기를 하는 것 같아 안데르센의 동화를 꼼꼼히 살펴보았다.

인어공주는 용왕의 일곱 번째 공주였다. 용궁에서는 15세가 되면 바다 위로 올라가 세상을 구경할 수 있는 특별한 상이 주어졌다. 15세가 되었을 때 인어공주도 그 상을 받게 되었다. 평소 바깥 세상에 호기심이 많았던 인어공주는 바다 위로 정신없이 올라갔다. 바로 그때 마침 배에서 생일 잔치를 벌이던 왕자를 우연히 보게 되었다. 인어공주는 왕자의 멋진 모습에 반했다. 여기까지는 전형적인 사랑 드라마 공식과 그대로이다. 선남선녀가 운명적 만남을 가진 뒤 사랑이 시작된다는 공식 말이다.

얼마 뒤 높은 파도가 밀려와 왕자가 탄 배가 가라앉게 되자 인어공주가 왕자를 구한다. 하지만 왕자는 인어공주가 자신을 구해 준 사실을 모른 채 사람들의 부축을 받으며 궁전으로 돌아갔다. 그 후 인어공주는 왕자가 보고 싶고 걱정이 되어 궁전이 보이는 곳까지 몰래 헤엄쳐 갔다. 하지만 해변까지만 갈 수 있었을 뿐 궁전 안으로 들어갈 수는 없었다.

인어공주는 왕자와 함께하기 위해서 인간이 되기로 결심한다. 그리고 마녀를 찾아가 인간처럼 다리가 생기게 해 달라고 부탁한다. 마녀는 물약을 주는 대신 인어공주의 혀를 자르고 목소리를 빼앗았다.

여기까지 읽은 나는 기세등등한 목소리로 딸들을 불렀다.

"봐봐, 바로 여기에 나오잖아. 목소리를 빼앗기는 장면은 사랑을 하려면 고통이 있을 수밖에 없음을 알려주는 대목이야."

"이건 그냥 잘못된 선택이지 않나? 왜 내 것을 포기하면서 다른 사람에게 다가가야 하는데?"

"사랑을 한다는 것은 여태까지 자기 혼자만 있던 곳에 다른 사람을 초대해서 함께하는 것이야. 즉 자신이 과거에서부터 쌓아 왔던 것을 허물고 새로운 존재로 다시 사는 것이지. 내 것을 포기하는 것이 아니라 새로운 내가 되는 거야. 그래야 '둘로서 하나'가 되는 사랑을 하게 되는 거라고."

두 딸은 고개를 갸웃거렸다. 나는 아직 어린 너희들은 모른다는 표정으로 말했다.

"둘로서 하나가 되도록 자신을 허무는 것이 힘들기는 해. 둘로서 하나였던 사랑이 깨지면 다시 하나가 허물어져 빈 공간을 채우는 것도 더 힘들고. 그래서 사랑의 아픔보다 실연의 아픔이 더 크다고 할 수 있지."

"왜 아빠는 사랑을 이야기하면서 행복보다는 아픔이나 고통을 더 많이 이야기해? 아빠라면 그런 사랑을 하고 싶어?"

마치 내가 "네 엄마랑 살아 보면 자연스럽게 그런 생각을 하게 돼"라고 말하기라도 한 것처럼 이미 못마땅한 눈빛으로 둘째 딸이 물었다. 나는 레이저가 나올 듯한 두 딸의 시선을 피하며 생각에 잠겼다.

'그래, 맞아. 왜 난 사랑을 이렇게 부정적으로 생각하고 있지? 간접 체험뿐만 아니라 직접 체험도 했잖아.'

나는 사랑에 대해 아주 민감한 사춘기 소녀처럼 하나하나 따지고 들었다. 그리고 답을 찾았다. 내가 인어공주의 사랑을 3인칭 시점으로 생각하며 비판적으로 보려고 했었던 것에 반해, 두 딸은 자기가 하고 싶은 사랑을 생각하며 1인칭 시점으로 이야기를 읽어 오히려 나보다 더 나은 결론에 이르렀던 것이다. 즉 제대로 된 독서법을 통해 간접 체험이 직접 체험을 앞지른 것이다.

1인칭 주인공 시점으로 읽기가 가진 힘

문학 작품에서 이야기를 서술하는 사람은 작품 속에 등장한다. 교과서에는 그 서술하는 사람의 시점에 따라 1인칭 주인공 시점, 1인칭 관찰자 시점, 3인칭(작가) 관찰자 시점, 전지적 작가 시점으로 나눈다. 문학 이론 중에는 메레디스 R.C.Meredith와 피츠제럴드 J.D.Fitzgerald의 구분처럼 8가지 더 세분화된 시점으로 나누기도 하지만 앞서 살펴본 네 가지 시점으로도 충분히 문학 작품을 이해할 수 있다.

작품의 '입력'에 해당하는 작가의 서술 시점은 '처리' 과정인 독자의 독서 경험을 다르게 해서 감동과 작품 이해라는 '출력' 과정에도 큰 영향을 미친다. 1인칭 주인공 시점으로 글을 읽을 때 얻을 수 있는 장점을 설명하기 전에 다른 시점의 장단점부터 살펴보자.

첫째, 1인칭 관찰자 시점이다. 주요섭의 『사랑손님과 어머니』에서 겉으로 보면 어린 옥희가 주인공처럼 보이지만, 사실상의 주인공인 엄마와 아저씨 사이에서 벌어지는 일을 옥희가 관찰하는 것으로 이야기가 진행되는 것을 보면 이해가 될 것이다. 소설 속의 핵심 사건을 중심으로 보면 조연에 해당하는 인물이 실제적인 주인공의 이야기를 서술하는 것이 바로 1인칭 관찰자 시점의 특징이다. 그리고 이렇게 실제적 주인공들의 사건을 본격적으로 보여 주기 위해 사전에 주인공들의 사정이나 특성 등에 대한 많은 설명이 필요한 것도 특징이다. 이러다 보니 1인칭 관찰자 시점은 서술자가 모든 상황을 관찰할 수는 없어 이야기의 진행이 제한되고, 들은 이야기를 대신 풀어주거나 이미 벌어진 사건에 대한 해석자로서 사건을 설명하게 된다는 한계도 있다. 작가가 1인칭 관찰자 시점으로 작품을 썼다고 해서 독자도 1인칭 관찰자로서 주인공을 또 관찰하는 식으로 작품을 읽으면 사건을 한 치 더 멀리서 보게 되고, 자신의 시각으로 작품을 넓고 깊게 보기 힘들어지므로 조심해야 한다.

둘째, 3인칭 관찰자 시점이다. 이 시점을 따른 문학 작품에서는 등장인물이 모두 3인칭으로 제시되며, 그중 특정 인물이 사건을 관찰하는 식으로 이야기가 진행된다. 작가가 선택한 특정 인물이 중심이 되어 사건을 관찰하기는 하지만 어디까지나 관찰자로서의 객관적인 태도를 가져 작가의 주관이 개입되지 않는다. 즉 주인공의 행동과 말 등의 외부 세계만 전달할 뿐 그들의 생각과 감정 등을 직접적으로 표현하지 않는다. 다만 객관적으로 관찰한 표정 변화를 통해 여러 내면 변화를 추측하거나 묘사하는 식으로 간접적으로 전달을 한다. 황순원의 『소나기』처럼 작가가 아무런 해설과 평가를 달지 않고 오로지 사건을 보여줌으로써 독자의 상상적 해석과 참여의 폭을 넓히고, 적은 분량에도 큰 감동을 만들 수 있다. 단편소설에 많이 쓰이는 시점이기도 하다. 하지만 외면 묘사를 계속하다 보니 단조롭고 평면적인 느낌을 주고, 독자의 해석력이나 능동성이 따라주지 않는 경우에는 작가의 암시에도 불구하고 정확한 주제나 감정 전달이 힘들다는 단점을 가지고 있다. 작가는 나름대로 의도가 있어 3인칭 관찰자 시점으로 서술 방식을 선택했다지만, 만약 독자로서 그 의도를 파악하려는 노력을 게을리 하고 관찰자의 시점으로만 작품을 읽으면 낯선 등장인물에 대해서 여전히 거리감을 갖게 되며, 그들의 내면세계를 제대로 이해하거나 사건의 의미를 제대로 해석하기 힘들 수 있다.

셋째, 전지적 작가 시점이다. 신을 묘사할 때 자주 쓰이는 '전지전능全知全能'이라는 말에 포함된 말처럼 작가가 '모든 것을 아는' 입장에서 인물과 사건을 묘사하는 것이다. 이 시점의 문학 작품에서 작가는 등장인물의 행동뿐만 아니라 그런 행동을 하게 만든 내면의 동기와 감정 등을 다루기도 하고, 사건의 배경과 의미까지 적극적으로 개입해서 설명하는 등 자유롭게 자신의 생각을 펼칠 수 있다. 작가로서는 자신의 모든 것을 쏟아낼 수 있다 보니 이광수의 『무정』, 박경리의 『토지』, 톨스토이의 『전쟁과 평화』, 도스토옙스키의 『죄와 벌』처럼 주로 장편 소설에서 쓰이는 시점이다. 독서력이 높지 않은 경우 작가가 몰아가는 방식으로 작품을 읽게 되어 창의적인 감상이 힘든 단점이 있다. 무엇보다도 높은 경지의 작가 세계를 이해할 수는 있지만 자신이 그 감동을 바탕으로 무엇을 할 것인지를 찾기는 힘들 수도 있다. 위인전을 읽고 나서 주인공이 훌륭하다는 것을 이해했지만 신의 위치에서 모든 것을 살펴보던 시점에서 내려와 땅 위에서 자신이 구체적으로 어떻게 행동하면 되는지 생각하려 할 때는 앞이 깜깜해지는 것처럼 말이다.

넷째, 1인칭 주인공 시점이다. 이 시점은 말 그대로 '나'가 다른 주인공을 관찰하는 것이 아니라 사건의 핵심에 있는 주인공이 되어 보고 듣고 느끼고 생각하고 겪은 것 등 자신의 이야기를 풀어내는 것이다. 김유정의 『봄봄』, 이상의 『날개』, 이순원의 『19세』, 제롬 데이비드 샐린저의 『호밀밭의 파수꾼』 등 밀착해서 상황을 설명하고 내면 변화를 이야기할 필요가 있는 작품에 적합한 시점이다. 특히 성장 소설과 심리 소설에 많이 쓰인다. 주인공의 생각과 관찰의 틀 속에 이야기가 제한되는 약점이 있으며, 다양한 인물들의 외면을 객관적으로 그리는 데는 한계가 있다. 하지만 뒤집어 보면 주인공의 입장에 완전 빠져들어 이야기를 읽고, 주관적으로 상황을 파악하는 훈련을 하는 데에는 1인칭 주인공 시점만 한 것이 없다. 작품 속의 '나'는 물론 독자 자신인 '나'와는 다르다. 하지만 감정이입을 하기 쉬워 작품 속 상황에 대한 몰입과 이해를 높이는 장점이 있다. 이 장점을 극대화해서 읽으면 독서 경험이 달라진다.

3인칭 관찰자와 전지적 작가, 1인칭 관찰자 시점으로 쓰인 작품이라고 해도 그 속의 특정 주인공이나 등장인물의 입장에서 1인칭 주인공 시점으로 이야기를 다시 살펴보면 어떻게 될까? 그러면 작품 속에 더 몰입하게 되고 해당 인물의 행동과 내면 변화의 의미를 모두 추적할 수 있게 된다. 그렇게 책을 읽으면 더 큰 감동을 얻을 수 있고, 책을 읽은 다음에도 자신의 내면 변화를 위한 구체적인 지침을 얻을 수 있다. 즉 작가가 주인공으로 내세운 작품 속 인물을 중심으로 한 '독후감讀後感'을 쓰는 것에서 멈추지 않고, 독자 자신이 주인공인 자신의 삶 속에서 어떻게 행동하면 될지를 정해서 움직이는 '독후행讀後行'을 하게 될 것이다. 주인공을 칭찬하고 자신이 새롭게 뭘 느꼈는지 열심히 이야기하는 독후감만 쓴다면 많은 책을 읽어도 정작 자신의 삶이 나아지기는 힘들다. 반면 가슴을 움직이고 새롭게 머리를 채운 것들을 직접 발을 움직여 행동할 때, 많은 책을 읽지 않아도 삶은 달라진다. 독후감이 아닌 독후행을 위한 읽기를 해야 한다. 독후행이야말로 진짜 독서의 완성이다.

1인칭 주인공 시점으로 작품을 바꿔서 읽는 것은 뇌과학 측면에서도 도움이 된다. 뇌에는 해마와 편도체라는 부위가 있다. 해마는 인지적 기억을 담당하고, 편도체는 정서적 기억을 담당한다. 이 둘이 사이좋게 서로 도우면 더 잘 기억할 수 있고, 뇌의 앞부분인 전두엽까지 활성화되어 사고력과 판단력도 좋아진다. 특히 정서적 기억은 아주 중요하다. 학창시절 수업 중에 선생님께 혼난 경우, 그때 배운 내용은 잘 기억나지 않는데 당시의 부정적 감정은 잘 기억나는 것도 편도체가 중요한 역할을 하기 때문이다. 책 내용을 잘 기억하기 위해서나 후에 고차원적인 사고를 하기 위해서도 정서적으로 감정이입을 해서 읽는 것이 좋다. 전지적 작가 시점으로 쓰인 안데르센의 『인어공주』를 1인칭 주인공 시점으로 바꿔 읽기함으로써 독서 경험이 얼마나 달라지는지를 비교해 보자.

다시 읽는 『인어공주』 이야기

『인어공주』의 줄거리를 더 살펴보자. 줄거리를 읽으면서 여러분 자신이 인어공주라면 어떨지를 상상해 보기 바란다. 즉 철저히 인어공주의 입장에서 상황을 상상하며 보자.

원래 이야기

인어공주는 처음으로 왕자를 마음에 받아들일 때 행복뿐이었다. 왕자가 몰라주더라도 왕자를 구했다는 사실 하나만으로도 행복했다. 멀리서 왕자를 바라보는 것으로도 행복했다. 그러나 자신의 마음이 점점 허물어지면서 왕자가 차지하는 공간이 많아지자 '둘로서 하나'가 되고 싶었다. 아니, 왕자로서 자신을 더 많이 채우고 싶어졌다. 그래서 마녀를 찾은 것이다. 그리고 헤엄만 칠 수 있던 인어공주가 왕자와 같은 인간이 되어 걷게 된 것이다.

여러분이 상상하며 읽은 것과 실제로 1인칭 주인공 시점으로 바꾼 아래 내용을 비교해 보자.

1인칭 주인공 시점으로 바꿔 읽는 이야기

내가 처음으로 왕자를 마음에 받아들일 때는…… 아, 행복뿐이었다. 왕자가 몰라주더라도 그를 구했다는 사실 하나만으로도 행복했다. 멀리서 그를 바라보는 것으로도 행복했다. 그러나 시간이 지날수록 내 마음이 점점 허물어지면서 왕자가 차지하는 공간이 많아졌다. 멀리서 왕자를 지켜보는 것만이 아니라, 내 가슴 속 가득 왕자를 담고 왕자의 가슴 속에는 나를 담고 싶어졌다. 그래서 결국 두 마음이 었던 것이 하나로 이어져 행복이 더 커지는 것을 누리고 싶었다. 지금껏 나는 바닷 속에서 행복한 줄만 알았다. 하지만 왕자와 함께 누리는 행복을 꿈꿀수록 예전의 행복은 차라리 불행에 가깝게 보였다. 나는 진정 행복해지는 방법을 찾고 싶었다. 기존에 내가 접촉한 인어들은 인어로서 누리는 기존의 행복을 강조할 것 같았다. 나는 마지막 지푸라기라도 잡는 심정으로 생전 가보지 않았던 마녀를 찾았다. 마녀는 나를 이해해줬다. 사랑하는 왕자와 더 빨리, 더 오래 함께하고 싶어 다리를 갖고 싶은 내 간절함을 말이다. 인어가 인간이 되는 것은 아주 급격한 변화라는 것을 나도 안다. 두렵다. 하지만 변화가 꼭 나쁜 것은 아닐 거야. 특히 사랑을 모르던 사람이 사랑을 하게 되는 것처럼, 이미 급격한 변화를 겪은 나에게는 말이다.

위와 같은 식으로 인어공주의 입장에서 왜 극단적인 선택을 하게 되었는지를 추적하며 읽을 수도 있다. 단, 주의해야 할 것이 있다. 1인칭 주인공 시점으로 작품을 바꿔서 읽는 것은 예시로 든 것처럼 문장과 문장을 바꾸며 읽는다기보다 주요 지점에서 1인칭 시점으로 그 상황을 생각하기 위해 노력한다는 것이다. 즉 형식을 바꾸는 것이 아니라 마치 자기 이야기인 것처럼 생각하면서 보는 것이 핵심임을 잊지 말아야 한다.

1인칭 주인공 시점으로 읽는다고 해서 여러분이 100% 주인공처럼 행동해야 하는 것은 아니라는 점도 주의해야 한다. 주인공의 시점에서 읽는 것의 장점은 간접 체험으로 직접 체험의 효과를 얻는 것이다. 주인공이 실수를 했을 때 여러분이 감정이입을 해서 읽을수록 실생활에서 그런 실수를 반복할 확률은 줄어든다는 것을 잊지 말기 바란다. 주인공의 행동이나 심리 상태에 대해서 비판적인 생각이 떠오르면 떠오르는 대로 적어 놓고 계속 읽어 나가야 한다. 등장인물이 그렇게 행동하고, 또 그런 상태에 빠지도록 몰아간 작가의 의도를 이해할 때까지 말이다.

다음 페이지에 전지적 작가 시점으로 줄거리를 제시해 놓았으니 여러분도 도전을 하기 바란다. 독후행은 결국 행동하기 위한 독서법이다. 이제부터 독서를 하고 그저 머리로 아는 것에서 멈추면 앞으로 어떤 독서법을 알게 되어도 소용이 없다. "알고는 있어. 하지만 나는 하지 않을 거야"라고 친구가 말한다면 그 친구에게 어떤 말을 해 줄 것인가? 알고도 하지 않는 사람과 애초에 몰랐던 사람이 객관적으로 얻는 결과는 똑같다. 3인칭인 다른 사람들이 보기에 여러분은 그저 모르는 사람에 지나지 않는다. 억울해도 어쩔 수 없다. 다른 사람들이 신의 위치에 있지 않으니 여러분의 동기와 감정을 다 알 수는 없다. 억울할수록, 힘들수록, 간절할수록 결국 행동으로 보여 줘야 한다는 점을 잊지 말기를 바란다.

원래 이야기

바다를 떠나 처음으로 땅을 두 발로 디딘 인어공주는 모든 것이 낯설고 힘들었다. 한 발 한 발 내디딜 때마다 날카로운 칼 위를 걷는 것 같이 아팠다. 그래도 인어공주는 왕자에게 가까이 갈 수 있다는 사실만으로 행복했다. 결국 인어공주의 아름다운 모습을 본 왕자는 그녀를 가까이 부른다. 인어공주를 환영하는 무도회도 열어 준다. 하지만 목소리를 빼앗긴 인어공주는 다른 아가씨들처럼 노래나 말을 하지 못했다. 대신 아름다운 춤으로 훨씬 더 깊은 가슴 속 얘기를 전했다. 춤을 열심히 출수록 발이 칼에 찔리는 것처럼 아팠지만 자신의 사랑을 전하기 위해 고통을 참았다. 어떤 고난도 인어공주의 사랑을 멈추게 할 수 없을 것 같았다.

그러나 운명은 정반대 방향으로 흐르고 있었다. 인어공주가 먹은 약은 영원히 인간이 되는 약이 아니었다. 만약 왕자가 인어공주를 본 지 일주일 안에 왕자와 결혼을 하지 않으면 약효가 다해 바다의 물거품이 될 처지였다. 인어공주는 마음의 목소리를 눈에 담아 열심히 사랑을 이야기했다. 왕자도 따스한 눈길로 인어공주를 쳐다봤다. 하지만 왕자는 자신을 구해 준 예쁜 아가씨를 잊을 수 없다고 말했다. 인어공주는 그 사람이 바로 자기라고 소리치고 싶었지만 이미 목소리를 빼앗겨 소용이 없었다.

그러던 어느 날 왕자는 이웃 나라의 공주가 자신을 구해 준 사람이라 생각하고 그녀와의 결혼을 결심했다. 드디어 왕자의 결혼식 날이 되었다. 이제 물거품이 될 수밖에 없는 상황에 놓인 인어공주는 모든 것을 포기했다. 그러자 인어공주의 언니들이 자신들의 머리카락을 잘라 마녀에게 주고 마법의 칼을 얻어 왔다. 해가 떠오르기 전에 왕자의 가슴에 칼을 꽂아 왕자의 따뜻한 피가 인어공주의 발을 적시면 다시 인어가 될 수 있다고 했다. 칼을 품고 왕자의 침실로 들어간 인어공주는 왕자를 찌르지 못한다. 대신 그 옆에 자고 있는 이웃 나라 공주의 이마에 축복의 입을 맞춰 주었다. 마지막으로 왕자를 보고 나서 인어공주는 바다에 몸을 던졌다. 어쩌면 인어공주는 죽어서 물거품이 되는 자신의 처지보다도, 더 이상 왕자를 보지 못하는 것이 더 슬펐는지도 몰랐다. 그런데 죽음을 기다리던 인어공주의 몸이 하늘로 떠올랐다. 그리고 인어공주의 몸이 투명해졌다. 그렇게 인어공주는 공기의 요정이 되어 다른 요정들과 함께 자유롭게 하늘을 날았다.

안데르센의 『인어공주』 이야기는 이렇게 디즈니식의 해피엔딩과는 다른 결말을 남기고 끝난다. 어떤가. 이 이야기는 사랑 이야기인가? 아니면 고통에 대한 이야기인가? 여러분 가슴에 있는 그 감정을 중심으로 생각해 보면 답을 찾을 수 있다.

독후감을 쓰려는 마음으로 읽은 『인어공주』

우선 독후감을 잘 쓰는 사람의 입장에서 이야기를 정리해 보자. 인어공주는 왕자의 연인이 되고 싶었다. 그러나 결국 그렇게 되지 못했다. 이런 측면에서 생각하면 인어공주의 이야기는 슬픈 사랑 이야기이다. 그러나 인어공주가 사랑한 이유에 대해서 생각해 보자. 인어공주는 더 많이 행복하고 싶어서 사랑했다. 사랑하고 싶어서 행복하려고 한 것이 아니다. 용궁에서 막내 공주로 부모와 형제의 사랑을 받으면서도 행복했다. 그러나 자라면서 사춘기를 맞으면서 이성의 사랑에 의해서 더 많이 행복해지는 길을 찾게 된 것이다. 의도하지 않았지만 자연스럽게 말이다. 처음 이성에 부쩍 관심이 생겼을 때 괜히 눈길 한 번 더 가게 되듯이.

결과적으로 인어공주는 인어로 태어났지만 사랑 때문에 잠시 인간이 되었다가 공기의 요정이 되었다. 사랑을 하게 된다는 것은 이렇듯 당사자를 전혀 다른 존재로 만든다. 인어공주의 경우에는 원하던 사랑을 얻지는 못했다. 그러나 진실로 사랑했기에 인어나 인간이 꿈꾸지도 못하는 공기의 요정이 되는 기회를 얻었다. 그리고 지느러미로 헤엄칠 때나 두 다리로 춤출 때와는 비교할 수도 없을 정도로 자유롭게 세상을 날아다니게 되었다. 인어공주에게는 사랑의 상처가 있다. 하지만 그렇다고 인어공주가 불행할까? 세상을 살아가는 데 사랑이 중요하지만 사랑 외에 행복할 수 있는 다른 방법이 전혀 없는 것일까? 아니다. 안데르센은 진실된 사랑을 하면 전혀 다른 존재가 되어 자유로운 인생의 지평을 볼 수 있음을 은연중에 이야기하고 있다. 이 점이 『인어공주』 이야기의 가장 큰 미덕이다.

사랑 이야기이지만 사랑만을 맹신하지 않는다. 사랑은 행복을 이루는 아주 중요한 길이다. 하지만 그것이 좌절되었다고 모든 것을 잃는 것은 아니다. 아름다운 추억과 성숙한 나 자신을 얻는다. 안데르센은 다른 동화처럼 왕자와 공주가 만나서 영원히 행복하게 살았다는 식으로 이야기를 끝낼 수도 있었다. 하지만 『인어공주』 이야기는 그렇게 하지 않았다. 왜냐하면 그러기에는 인어공주가 품은 사랑이 너무도 진지했기 때문이다.

인어공주는 자신을 완전히 내던지며 사랑했다. 용궁에 남은 가족을 다시 볼 기약 없이 오직 왕자를 만나야겠다는 생각으로 마녀의 약을 마셨다. 두 다리로 걷는다는 것이 어떨지 계산하거나 걱정할 겨를도 없이 결단을 내렸다. 자신이 죽을 것이라는 것을 알면서도 왕자와 그의 연인의 행복을 위해 기도를 하고 심지어 축복의 키스까지 했다. 왜냐하면 인어공주에게는 자신의 행복만큼이나 자신이 사랑하는 사람의 행복도 중요했기 때문이다. 전적으로 사랑을 받지 못해도 일단 전적으로 사랑을 하기 때문에 인어공주는 결단을 내릴 수 있었다. 그리고 그만큼 성숙한 존재가 되었고, 또 다른 종류의 행복을 찾게 되었다. 사랑의 상처가 두려워 미리 피했다면, 끝까지 사랑을 위해 자신을 내던지지 않았다면 얻을 수 없는 행복이다.

사랑은 상대방이 주는 것을 봐서 나도 반대로 내어주는 거래가 아니다. '사랑한다'는 말처럼 사랑은 '하는 것'이다. "너 사랑하고 있니?"라고 물었는데 "응, 사랑받고 있어"라고 대답한다면 얼마나 황당한가. 사랑하는 문제와 사랑받는 문제는 다른 것이다. 사랑한다는 것은 사랑받는다는 것을 계산에 넣지 않고도 선택하는 것이다. 사랑하지 않고서는 못 배길 것 같아서 사랑하는 것이다. 그저 상대방이 잘해 주니까 예의상 호감을 베푸는 것을 사랑이라고 하지 않는다. 이런 사랑의 특성을 자연스럽게 알게 해 주는 최고의 작품이 『인어공주』라고 생각한다.

물론 인어공주는 왕자의 사랑을 받지 못했다. 제3자의 입장에서는 그게 가장 큰 문제로 보인다. 그러나 인어공주의 입장에서는 자신이 왕자를 얼마나 사랑하는가와 왕자가 자신의 사랑을 통해서 얼마나 행복한가가 가장 중요하다. 이게 바로 사랑의 핵심이다. 나머지는 계산이거나 거래이다. 사랑이 아닌 것을 사랑이라며 선택한 결과는 불행뿐이다. 만약 인어공주가 자신이 아닌 다른 사람을 사랑하는 왕자에게 실망해서 사랑하는 마음을 거둬들이고 왕자를 칼로 찔렀다면 어땠을까? 통쾌한 복수가 되었을 거라는 예상은 제3자의 입장에서 쉽게 판단하는 것이다. 인어공주는 다시 용궁으로 돌아갈 수 있었겠지만 예전처럼 행복하지는 못했을 것이다. 사랑하던 사람을 죽이고서 어찌 행복할 수 있겠는가. 만약 사랑하던 사람을 해치고서도 더 행복할 수 있다면 그것은 사랑이 아니다. 애초에 사랑을 하지도 않았고, 자기 혼자서 사랑한다고 착각했던 것뿐이다.

독후행을 꿈꾸며 읽은 『인어공주』

사춘기 큰딸이 앞에 소개한 독후감을 한방에 날리는 질문을 했다.

"아빠는 『인어공주』가 사랑 이야기라고 했지. 좋아. 정말 사랑이 맞다면 그렇게 불행하게 되고 싶어?"

이 질문을 다시 읽어 보기 바란다. 그리고 대답해 보자. 인어공주의 고통을 다 감내하고 싶은지, 로미오처럼 줄리엣의 죽음을 확인하는 슬픔을 겪고 나서 따라 죽고 싶은지 등등 감동 깊게 읽은 비극적 사랑 이야기 속 주인공이 되어 그 입장에서 진지하게 답을 해 보자.

사랑은 자신의 진실함을 증명하는 수단이 아니다. 멋진 사람임을 보여 주기 위해서 하는 것도 아니다. 진정한 사랑을 하다 보니 진실함이 드러나고 멋진 모습을 보이게 되는 것일 뿐이다. 사랑은 어디까지나 더 행복해지기 위해서 하는 것이다. 행복은 어둠에 가까울까, 아니면 빛에 더 가까울까? 당연히 빛에 더 가까울 것이다. 그렇다면 사랑도 어둠에 가까워야 할까, 아니면 빛에 더 가까워야 할까?

그런데 나는 이런 생각을 하지 못하고 글을 읽었다. 반대로 큰딸은 마치 자신의 미래에 펼쳐질지 모르는 사랑의 모습을 담은 이야기처럼 여기며 1인칭 주인공 시점으로 읽었다. 그래서 딸에게는 목소리를 잃는 인어공주의 선택이 빛이 아닌 어둠을 만드는 것으로 보인 것이다. 아니나 다를까, 결말은 비극이다. 주인공의 시점에서 생각하고, 주인공의 행동을 쫓아가면서 기대했던 행복한 사랑의 장면이 한 번도 나오지 않자 사랑은 어둠의 선택이라는 것이 더 잘 보였던 것이다. 이야기를 다 읽은 큰딸은 자신이 주인공이 되어 인어공주의 입장에서 취할 수 있는 다른 선택을 발견하기 시작했다. 그리고 과감하게 다른 결론을 내리게 되었다. 적어도 딸은 자신의 행복을 위해서 어떻게 사랑해야 하는지를 독후행으로 결정하게 되었다.

디즈니 애니메이션 〈겨울왕국〉의 엘사가 했던 대사처럼 "처음 만난 사람과 곧바로 결혼을 결정하는 것은 바보 같은 짓"이라는 교훈을, 큰딸은 『인어공주』를 통해 얻었다. 이런 비극적 사랑이라도 해 봐야 한다는 허황된 독후감보다는 나은 결론이어서 기뻤다. 그러나 나는 1인칭 주인공 시점에서 다른 긍정적 요소도 얻기를 바랐다. "정말 나라면 어떨까?"라는 생각을 한다면 삶에 도움이 되는 다른 요소를 찾을 수 있었을 것이다.

『인어공주』 이야기의 놀라운 점은 사랑을 받지 않아도 계속 사랑을 할 수 있다는 점에 있다. 흔히 사랑은 주고받는 것이라고 생각한다. 그러나 사랑은 하는 것이다. 주고받으면 행복한 것임은 분명하지만, 그렇지 않고 사랑만 한다고 해서 꼭 불행한 것은 아니다. 사랑을 계속할 수만 있다면 계속 행복할 수 있다. 사랑은 행복을 찾을 수 있는 가장 중요한 길이기 때문이다. 하늘을 날아다니며 인어공주는 왕자를 계속 사랑할 것이다. 그의 행복을 떠올리며 그녀도 행복할 것이다. 그리고 다른 방법으로 자신이 행복할 수 있는 길을 찾을 것이다. 어쩌면 지느러미와 다리가 갖고 있는 한계에서 벗어나 더 자유로워진 몸으로 역시 자유로운 존재를 만나 또 다른 사랑을 하게 될 수도 있다. 의도하지 않았던 왕자와의 만남이 갑자기 생겼던 것처럼 말이다.

그때도 사랑의 법칙은 마찬가지이다. 처음에 얼마나 강력하게 사랑에 빠졌는가가 아니라, 어떻게 사랑을 끌고 가느냐가 더 중요하다. 즉 어떻게 사랑을 하느냐가 중요하다. 어둠이 아닌 빛을 만들고 그 빛을 나누는 사랑을 선택하자. 그런 사랑을 할 때 진정한 행복을 누릴 수 있을 것이다.

좋은 책 good book은 감동과 깨달음을 준다. 하지만 아무리 좋은 감동과 깨달음이 있더라도 자신을 변화시키지 못하면 한 단계 높은 훌륭한 책 great book이 될 수 없다. 다른 사람들에게는 훌륭한 책이라도 자신에게 실제적인 영향을 주지 못하면 그것은 좋은 책 이하 수준의 책이 된다. 독서는 수동적으로 이야기를 복사하는 것이 아니다. 능동적으로 경험을 바꾸는 것이다. 나는 『인어공주』 이야기를 1인칭 주인공 시점으로 읽었던 딸들과의 경험을 바탕으로 새로운 책을 집필했다. 독자가 주인공이 되어 사랑에 대한 궁금함을 해결하는 『사랑을 물어 봐도 되나요?』라는 책이다. 나를 작가로서 행동을 하게 만들었으니 『인어공주』는 나에게 훌륭한 책이었던 셈이다.

여러분도 부디 좋은 책을 많이 선택해서 읽고 독후행을 실천함으로써 선택한 책을 훌륭한 책으로 만드는 경험을 하기 바란다. 무엇보다도 많은 책을 읽으며 여러분 자신이 주인공인 삶을 훌륭한 명작으로 만들기를 응원한다.

보리 오빠와 함께 읽기
독후행 처방전

1인칭 시점으로 읽으면 느낌이 확 달라지는 책들

'1인칭 주인공 시점으로 읽기'에는 조연을 주인공으로 생각하며 그 사람의 시각에서 읽는 것도 포함된다. 스쳐지나가는 인물의 입장에서도 작품 속 세계에 뛰어들어 보는 것이다. 독후감을 쓰는 것을 넘어서 독후행을 하는 것에 도움이 되는 대표적인 책을 한국과 서양 각 한 권씩 아래에 소개해 본다.

『심청전』

심청전의 이야기 상황을 아버지의 입장에서 생각해 보자. 심봉사는 딸을 극진히 사랑한다. 양반의 자제로 태어나 낯간지러울 수 있는 젖동냥도 마다하지 않는다. 아이들을 위해서 여기저기 정보를 찾아 뜻이 맞는 엄마들과 함께하고, 학원 설명회에 다니고, 어떤 때는 교사에게 결사적으로 항의를 하거나 애걸을 하기도 하는 요즘 부모의 모습과 그리 다르지 않다.

딸은 그런 심봉사의 노력을 아는지 기특하게 집안일을 한다. 부모가

정해 주는 대로 학원을 다니고 과외를 하며 공부하는 요즘 청소년처럼 말이다.

심봉사에게 가장 실망스러운 대목은 역시 딸이 인당수에 몸을 던지기 직전의 장면이다. 극진하게 사랑하는 딸. 하지만 그런 딸이 죽음의 길로 스스로 걸어 들어갈 때 아버지로서 무책임하게 기절을 하고 말았다. 물론 충격 때문일 수 있다. 그러나 정말 딸을 사랑하는 아버지라면 더 용기를 내어 정신을 바짝 차리고 딸을 붙잡았어야 하지 않을까? 그게 부모가 아니던가. OECD 가입 국가 중에서 청소년 자살 비율이 가장 높은 대한민국에 사는 부모들이라면 심청전의 이 장면에 더 민감하게 반응할 수밖에 없다. 더구나 부모의 욕심에 부응하기 위한 방법을 찾다가 자살을 하게 되는 이야기라니. 그런데도 부모는 망연자실하여 손을 쓰지 못한다니.

심봉사의 행동과 대한민국 부모의 행태를 비교하는 이야기를 듣는 것만으로도 기분 나쁠 수 있다. 하지만 분명한 것은 기절을 하든, 끔찍해 하든, 기분 나빠하든 간에 아이들의 자살률은 줄어들지 않고 계속 증가하고 있다는 것이다. 자살 통계, 각종 일탈 범죄 숫자, 스트레스 클리닉이라는 이름으로 신경정신과 치료를 받는 아이의 숫자, 성격 장애 행동 사례 등 각종 지표의 증가만 보면 대한민국의 부모들은 어쩌면 심봉사보다 더 못한 짓을 벌이고 있는지 모른다. 부모들은 눈을 가리고 아이들을 사랑하니까 잘될 것이라는 미신에 가까운 치성만 들이고 있는지 모른다. 안타깝지만 이게 현실이다.

심봉사는 심청이를 진심으로 아끼는 마음으로 키웠다고는 한다. 하지만 이야기를 보면 심청이의 효성은 심봉사의 마음 이상의 것일 수도 있다. 흔히 자식은 부모의 마음을 모르고, 부모의 사랑이 자식의 사랑보다는 크고 넓다고 하지만 심청이를 보면 꼭 그런 것 같지가 않다. 심청이가 효성을 다할 때 심봉사는 무엇을 하고 있었는지를 꼭 확인해야 한다.

심봉사는 심청이를 사랑한다고 하지만 경제적 지원이나 배려심, 열성이 없다. "곽씨 부인만 살아 있었다면…", "돈이 많았다면…"이라며 자신의 처지를 한탄하는 마음이 너무 강하다. 심봉사는 교묘하게 심청이가 자신을 걱정하게 만들었다. 어른이면서도 내면이 완전히 성숙하지 못한 탓이다. 심봉사의 선택 속에는 우리가 부모가 되었을 때 하지 말아야 할 일들에 대한 힌트가 숨어 있으니 부디 꼼꼼히 읽기 바란다. 청소년 독자도 언젠가 심봉사의 연령대가 될 텐데 그냥 나이가 드는 것으로 어른인 척하는 것이 아니라, 자신의 행동에 책임을 지는 어른이 되기 위해서는 지금부터 고민을 해야 할 것이다.

『빨간 머리 앤』

　루시 모드 몽고메리가 쓴 『빨간 머리 앤』은 여러 출판사에서 번역되어 나왔는데 분량이 긴 원본에 가까운 책을 선택하기를 권하고 싶다. 단순히 줄거리를 아는 것에서 벗어나 빨간 머리 앤이 소녀로서 어떤 생각을 하고, 문제 상황을 어떻게 헤쳐 나가는지를 자세히 볼 수 있기 때문이다.

　빨간 머리에 주근깨투성이 앤이 따뜻한 마음과 특유의 상상력 그리고 말솜씨 등으로 애정을 얻으며 성장하는 과정이 감동적이다.

　이야기는 마릴라와 매슈 커스버트 남매가 농장 일을 도와 줄 남자아이를 위해 입양을 하게 되는 것에서 출발한다. 그런데 남자아이가 아닌 여자아이 앤이 오면서 문제가 생긴 것이다. 언제 다시 고아원으로 되돌아가게 될지 모르는 불안한 상황에서도 앤은 꿋꿋하게 행복을 만들어 갔다. 그리고 잦은 실수를 하면서도 밝음을 잃지 않았다. 앤의 긍정적인 행동에서 많은 교훈을 얻을 수 있다. 물론 읽는 재미도 상당하다.

　이 이야기는 작가의 경험을 바탕으로 했다. 그러나 일부러 1인칭 시점으로 쓰지 않은 것은 주인공의 선택이 인생에 어떤 의미가 있는지 살펴보기 위함이었을 것이다. 1인칭 시점으로 감정이입을 하며 작가의 서술을 쫓아간다면 독후행을 할 삶의 지혜를 많이 얻을 수 있을 것이다.

세 번째
읽기

80일간의 세계 일주

배경지식으로 넓게 읽기

“

열정_{만으로}

80일간의 세계 일주가

가능할까?

”

세계 일주에 대한 열망

나는 자식들을 학원에 보내는 대신 돈을 모아서 방학 때 외국으로 가족 여행을 간다. 항공편과 숙박업소 예약뿐만 아니라, 현지 가이드도 한국에서 섭외를 하며 비용을 최소화한다. 덕분에 여행사를 통해서 가면 꽤 비싼 프로그램도 비교적 저렴하게 다닐 수 있게 되었다. 세계 일주라는 거대한 목표를 두고 하는 일은 아니다. 어쩌다 보니 20여 개국을 돌아다니게 되었다. 솔직히 재미있게 놀자고 떠나는 여행이지만, 이왕이면 아이의 견문이 좀 넓어지기를 바라며 세부 일정을 잡는다. 그래서 지역 축제와 공연, 박물관, 서점, 현지인의 집, 심지어 그 지역 특산품 공장의 방문 일정까지 짜 본다.

그러나 정작 기억에 남는 것은 그 지역의 풍광이나 볼거리가 아니다. 의도하지 않은 상황에서 만난 사람들과의 만남이 가장 기억에 남는다. 외국 식당 주인의 어린 아들이 내 딸과 수줍게 인사를 나누며 이야기를 한 것이나, 가이드가 자기 집으로 초대를 한다든지, 디자이너가 자신의 작품을 선물로 주는 등의 체험 말이다. 어쩌면 스트레스 해소가 아니라 이런 행운을 바라는 마음으로 여행을 떠나는지 모른다. 그러니 혹시라도 내가 세계 일주를 한다면 어떤 호기심이나 남다른 정복 의지 때문이 아니라 다양한 사람들을 만나서 더 많은 행운을 얻고자 하는 크리스마스 직전의 어린아이와 같은 마음 때문일 것이다.

내 영향을 받아서인지 아이들도 별반 다르지 않다. 세계 여행 다큐멘터리도 유심히 보고, 세계 일주를 한 사람과 관련된 기사나 책도 찾아 본다. 그래서 제대로 여행을 한 사람과 그렇지 않은 사람을 가려낼 줄 안다. 우리는 나중에 어떤 마음으로 여행을 할 것인가도 더불어 생각해 본다. 그때 빠지지 않고 이야기 소재가 되는 책이 있다. 바로 쥘 베른의 『80일간의 세계 일주』이다.

쥘 베른의 작품은 어린이 세계 명작 전집에 빠지지 않는다. 그리고 어른 중에도 이른바 마니아가 많다. 왜일까? 우선 독창성에서 그 답을 찾을 수 있다. 영화화되기도 한 그의 작품 『80일간의 세계 일주』와 『해저 2만 리』, 『지저탐험』 등에서 드러난 상상력은 21세기에도 그 독창성을 뽐내고 있다. 그래서 우리 아이들도 즐긴다. 하지만 그런 그의 작품을 읽다 보면 저자가 19세기의 사람이라는 사실을 깜박 잊게 된다. 그게 문제다. 그는 19세기 사회 문화에 속한 프랑스인이었다. 잠깐. 프랑스인이라고? 그렇다. 쥘 베른의 작품을 읽다 보면 재미있는 사건에 마음을 빼앗겨 그가 프랑스 작가라는 사실도 잊게 된다.

쥘 베른의 대표작인 『80일간의 세계 일주』의 주인공은 영국인 신사이다. 『15소년 표류기』의 주인공 대부분도 영국 소년이다. 왜 그렇게 정했을까? 역사적으로 프랑스와 영국 사이에는 잦은 이권 다툼으로, 마치 한국과 일본 같은 국민적 반감이 있다. 그런데도 프랑스 작가가 영국인을 주인공으로 소설을 쓴 이유가 궁금하지 않을 수 없다. 이 질문에 대한 답을 찾으려면 『80일간의 세계 일주』의 주인공인 필리어스 포그의 행적에 주목해야 한다.

『80일간의 세계 일주』 이야기는 1872년을 배경으로 한다. 당시 영국은 식민지를 많이 건설했다. 그래서 물질적 풍요를 한껏 누리고 있었다. 하지만 국내 사회는 어두운 측면이 있었다. 영국 소설가 찰스 디킨스가 쓴 소설 『올리버 트위스트』에 나오는 것처럼 빈부 격차는 심했고, 특히 어린이와 여성의 권리는 묵살되었다. 하지만 귀족 남자의 경우에는 이런 어두운 측면과 상관없이 누릴 것이 많은 시대였다. 『80일간의 세계 일주』의 주인공 필리어스 포그도 그랬다. 그는 당시 전형적 귀족 계급의 영국 신사였다. 점잖고 부유하며 유머와 풍류를 아는 인물이었다.

하지만 필리어스 포그는 괴짜이기도 했다. 그는 항상 비슷한 일상을 보낸다. 매일 같은 시간에 클럽에 가서 항상 같은 자리에서 점심을 먹고 신문을 본 뒤에 다시 같은 자리에서 저녁 식사를 한다. 그리고 밤 12시까지 카드놀이를 하고 나서 집으로 돌아온다. 그런데 그러던 그가 일상을 벗어나는 선택을 하게 된다. 막대한 재산을 내기로 건 것이다. 사정은 이랬다. 인도에 전 구간 철도가 개통되어서 80일이면 세계를 일주할 수 있다는 기사를 본 필리어스 포그는 새로운 신념이 생겼다.

'80일간의 세계 일주는 가능해.'

하지만 클럽의 다른 회원들은 필리어스 포그의 주장에 동의하지 않았다. 그래서 그는 자신의 신념이 맞다는 것을 증명하고자 세계 일주라는 무모한 도전을 시작한다. 냉철한 이성을 강조하면서도 식민지 건설에 대해 비이성적인 열정을 갖고 무모한 전쟁까지 불사했던 당시의 사람들처럼 말이다. 필리어스 포그는 성공을 확신했다. 그래서 자신의 재산 중 절반은 내기에, 나머지 절반은 여행 경비에 쏟아 붓기로 작정한다. 그리고 오로지 자신의 능력을 믿고 세계 일주를 떠난다.

하인과 함께 여행을 떠나기는 했다. 그러나 필리어스 포그는 하인의 존재를 머릿속에 넣지 않았다. 하인 파스파르투는 여행을 떠나기 직전 새로 들어온 사람이었다. 즉 자신과 손발이 척척 맞는지, 세계 일주에 적합한 능력을 갖고 있는지 여부조차 확인되지 않은 상태였다. 필리어스 포그에게는 누가 하인이 되었든 상관없었다. 언제든 대체 가능한 인적 자원이었다. 총독이 점령한 식민지의 국민들처럼 말이다. 실제로 필리어스 포그는 자신의 정확한 기준에 미달한다고 생각되는 하인들은 가차 없이 잘랐다. 면도를 하기 위한 물의 온도가 1도만 낮아도 해고했다. 이런 사람을 어떻게 평가해야 옳을까? 합리적인 근대인이라고 평가해야 할까? 괴팍한 남자라고 평가해야 할까? 확실히 그는 관대한 영국 신사는 절대 아니었다. 물론 어린 시절 이 부분을 읽을 때는 눈에 띄지 않았다. 하지만 한번쯤 생각해 봐야 하는 문제였다.

배경지식이 변화시키는 독서 경험

어떤 작가도 그가 살아간 환경이나 역사에서 자유로울 수 없듯이 그 작품도 같은 배경을 지닌다. 따라서 작품을 둘러싼 시대적 조건이나 작가에 대한 이해, 배경지식 등을 통해 읽으면 그 경험이 더욱 풍부해질 수 있다. 작가의 전기적 사실과 작품의 역사적 배경, 사회적 환경 등을 알게 되면 그 사실들이 작품과 체계적으로 연관되면서 작품의 의미와 가치를 좀 더 깊게 이해할 수 있게 된다. 특히 어떠한 작품들은 배경지식에 대한 이해가 필수적이다.

작품이 쓰였던 일제 치하의 1930년대를 알지 못하면 심훈의 시 『그날이 오면』에 나오는 '그날'이 무엇인지를 이해하기 힘들다. 그래서 교과서에서 당시 상황에 대한 이야기도 함께 하는 것이다. 혜경궁 홍씨의 『한중록』을 이해하려면 영조와 사도세자의 갈등뿐만 아니라 당시의 국내외 정치 상황, 궁중 문화까지 배경지식으로 갖고 있어야 제대로 감상을 할 수 있다. 배경지식의 효과를 실감하고 싶다면 다음 시를 보자.

차가운 내음의 감자 모습, 질벅거리고
철썩이는 진흙석탄 땅, 나무뿌리를 잘라 내는
삽날의 소리가 내 머릿속에 생생하다.
허나 난 그들처럼 일을 할 삽이 없다.

내 손가락과 엄지 사이에
뭉뚝한 펜 하나 있다.
나는 이것으로 파리라.

– 셰이머스 허니의 『어느 자연주의자의 죽음』(나라원), 「땅파기」에서

이 시를 읽고 우리나라 독자들이 느끼는 것과 이 시인의 모국인 아일랜드의 독자들이 느끼는 것은 다를 수밖에 없다. 일제 식민지라는 어두운 역사 속에서 살아간 심훈이라는 시인을 알지 못하면 『그날이 오면』을 아일랜드 인들이 이해할 수 없듯, 1845년 아일랜

드에 불어닥친 감자 기근과 아일랜드에 대한 영국의 잔혹한 수탈의 역사를 모르면 이 시의 의미를 제대로 느낄 수 없는 것이다.

마찬가지로 19세기 시대적 특징을 이해하는 것이 그 시기에 작품 활동을 한 쥘 베른의 작품들을 제대로 감상하는 데 도움이 된다. 19세기에는 사회 전 분야에 급격한 변화가 불어닥친 시기였다. 사회는 농촌 기반에서 도시 중심으로 발전했고, 17세기와 18세기에 여러 시민 혁명을 거친 이후 사회 주도 세력으로 성장한 시민 계층이 정치에 참여하면서 개인의 자유와 기본 권리가 확대되었다. 또한 산업 혁명과 근대 과학의 발달을 바탕으로 교통과 통신이 발달하게 되면서 국가 간의 교류가 매우 활발해졌다. 대량 생산된 물품으로 부의 축적이 가속화되고 생활 수준이 급속하게 향상되었다. 하지만 갑작스러운 경제 성장에 비해 사회적 분배에 대한 정책이 마련되지 못해 빈부 격차는 심화되었고 노동자들의 작업 환경은 열악했으며, 무분별한 개발과 공장 운영으로 심각한 공해 문제 등이 발생되기도 했다.

그럼에도 불구하고 사회 전반적으로는 들뜬 분위기였다. 문화적으로는 낭만주의가 나와 인간의 감정과 개성, 상상력을 강조하였다. 쥘 베른이 맘껏 상상력을 발휘할 수 있었던 것도 이런 분위기 덕분이었다. 하지만 시간이 흐를수록 사회 문제들이 심각해지면서 점차 현실에 대한 관심이 커졌고, 현실을 직시하고 문제점을 파헤치는 사실주의가 널리 퍼지게 되었다.

정치적으로는 당시 강대국이던 영국과 프랑스, 독일 등이 경제적 이익을 더 많이 확보하고자 약소국을 침탈하는 것을 당연시한 제국주의로 인해 아시아, 아프리카, 인도, 남아메리카 등이 식민화가 되었다. 그 흐름이 계속 이어져 결국 20세기에 제1차, 제2차 세계 대전이 일어나기도 했다. 자신의 이익을 더 확보하기 위해서는 대량의 원료와 노동력, 시장이 필요하다는 것을 안 강대국은 약소국을 근대화할 수 있게 도와준다는 명분으로 침략을 했으며, 일부 국가에서는 아직도 그런 제국주의 침략을 근대화의 계기였다고 여기고 있다. 학자들에 따라서는 현재 세계적으로 더 많은 이익을 찾기 위해 돌아다니는 국제적 기업이나 전쟁도 불사하는 국가들이 여전히 제국주의의 망령에서 벗어나지 못하고 있는 것으로 보고 있다.

최초로 산업 혁명을 완성한 영국은 19세기 중엽에 이미 세계 전역에 걸쳐 군사력을 동원하여 제1차 세계 대전이 발발하기 전까지 자국 영토의 100배에 달하는 55개의 식민지를 확보해 갔다. 1873년부터 23년 동안 유럽을 강타한 경제 대불황은 독일·프랑스·미국·영국 등의 경쟁을 더 심하게 했다. 이에 영국은 그동안의 자유 무역 정책을 보호 무역 정책으로 전환하고, 광대한 식민지를 '동인도 회사'처럼 치밀하게 관리했다. 이 과정에서 영국의 아프리카 종단 정책과 프랑스의 아프리카 횡단 정책이 정면으로 충돌하며 파쇼다 사건이 일어났고, 독일과 프랑스가 충돌하며 모로코 문제가 일어나기도 했다. 사실 그 싹은 쥘 베른이 『80일간의 세계 일주』를 쓸 때 이미 있었던 것이다. 그런데도 프랑스인을 내세우지 않고 영국인을 주인공으로 내세운 것은 상상력이 많은 쥘 베른조차도 영국의 힘이 막강함을 현실적으로 인정한 것이라 할 수 있다. '해가 지지 않는 나라'로서 영국의 힘이 당시 어느 정도였는지를 알 수 있다고 하겠다. 이렇게 배경지식을 갖고 작품을 읽으면 작품 자체의 이해의 폭도 넓어지지만, 배경지식으로 갖고 있던 정보들도 더욱 생생하게 만들 수 있는 장점이 있다.

배경지식은 꼭 작품이 쓰였던 당시의 상황에 대한 것만 의미하는 것은 아니다. 현재 상황에 대한 지식도 작품의 가치를 창의적으로 발견하는 데 큰 도움이 된다. 만약에 여러분이 사회 교과서나 다큐멘터리를 꼼꼼히 보았다면 안드레 타피아가 쓴『포용의 시대가 온다: 다양성과 포용을 통한 글로벌 인재 전략』의 내용처럼 글로벌 시대에 맞는 삶의 자세를 가져야 한다는 정보를 갖게 되었을 것이다. 신문 칼럼을 보더라도 외골수적인 생각으로는 경쟁력을 확보할 수 없으니 자신의 생각이 다양해야 할 뿐만 아니라, 다양한 배경을 가진 사람들과 어울리며 함께 다양한 대안을 만들 수 있어야 한다는 생각의 단서를 쉽게 찾을 수 있다. 그래서 최근에는 단순히 객관화된 스펙을 쌓는 것 이외에 인성을 보일 수 있는 대외 활동이 중요해지고 있다. 입시를 좌우하는 입학 사정관제나 자기 주도 전형의 내용을 보면 인성에 대한 부분이 꼭 들어가는 것을 볼 수 있는데, 글로벌 인재의 주요 소양이 다양성에 대한 포용력임을 생각할 수 있다. 이런 전체 시대적 변화에 맞는 인재상에 대한 지식과 함께, 19세기 제국주의 시대에 작품 활동을 한 쥘 베른의 정보를 가지고 『80일간의 세계 일주』의 주인공의 행동을 살펴보자.

주인공의 정체를 발견하게 하는 배경지식

필리어스 포그가 계획한 세계 일주는 21세기의 패키지 여행이라고 해도 무리가 있는 여정이다. 영국의 런던을 출발하여 프랑스의 파리, 이집트의 수에즈, 예멘의 아덴, 인도의 뭄바이와 콜카타를 거치고, 싱가포르와 홍콩, 일본의 요코하마, 미국의 샌프란시스코와 뉴욕, 영국의 항구 도시 리버풀을 지나 다시 런던으로 돌아오는 긴 여정을 짰다. 필리어스 포그는 이 여정을 완벽한 계획이라고 생각했다. 왜냐하면 모든 교통수단의 출발과 도착 시각을 기록해서 그들이 사용하는 가장 짧은 시간을 계산한 것이었기 때문이다. 중간에 어떤 우연한 사고가 생겨도 안 되는 것이었다. 자고로 여행의 묘미는 우연한 사건에 의해 얻는 재미인데, 필리어스 포그에게 이 여정은 여행이 아니었다. 80일간에 '어디까지 가 봤는지'만이 가장 중요했다. 여행에서 감동과 재미를 얻는 것이 목적이 아니라 내기에서 돈을 따고 명예를 지키는 것이 중요했던 것이다.

그런데 정확성을 추구한 필리어스 포그의 이성적 결정은 처음부터 도전을 받는다. 필리어스 포그는 알지 못했으나 그가 런던을 떠날 당시 고가의 보석이 도난을 당하는 사건이 발생한다. 픽스 형사는 그 범인이 필리어스 포그라고 단정 짓고 그를 쫓기 시작한다. 픽스 형사는 수에즈 운하에서부터 포그 일행에게 접근하는 데 성공한다. 그리고 여행의 거의 전 구간을 함께 다니게 된다. 필리어스 포그나 픽스 형사 모두 세계 일주를 만만하게 보았다. 해가 지지 않는 나라로서 세계 전체를 경영할 수 있다는 신념에 따라 식민지 건설 가능성이 있는 땅에는 모두 동인도 회사를 만들어 운영한 당시의 영국 정부처럼 말이다.

픽스 형사는 줄기차게 필리어스 포그를 방해한다. 하인 파스파르투에게 대마초를 피우게 하여 요코하마로 가는 배를 놓치게 하기도 하고, 포그를 절도범으로 체포하여 리버풀에서 런던으로 가는 기차를 놓치게 하기도 한다. 그러나 이런 예기치 못한 요소가 발생함에도 필리어스 포그는 그 뜻을 굽히지 않았다.

일행은 코끼리를 타고 정글을 지났다. 그리고 그 과정에서 남편의 장례식에서 산 채로 함께 죽게 될 여인 아우다를 구하게 된다. 정복자 영국인이 미개한 풍습의 희생자를 구해 준 것이다. 이 부분을 읽다 보면 외부 문명자의 도움이 긍정적인 영향을 미칠 것 같다. 하지만 정확함을 추구하던 필리어스 포그의 배려심에도 불구하고 이상하게 저항이 많다. 미국 횡단 중에는 아메리카 원주민들이 미국 정부의 대륙 횡단 철도 건설에 반대하는 장면이 나온다. 평화적

시위를 하는 것이 아니라 약탈을 하는 부정적인 모습으로 말이다. 또 아메리카 원주민들이 기차를 습격해서 하인 파스파르투가 잡혀가기도 한다.

여하튼 파스파르투는 구출되지만 여정 막바지에 포그 일행은 리버풀로 가는 배를 놓치게 된다. 우여곡절 끝에 그들은 화물선에 올라 선장을 감금하고 행선지를 바꾸었다. 그리고 배를 사서 석탄 대신 배의 나무를 때면서 겨우 영국의 항구인 퀸스타운에 도착한다. 그런데 포그가 리버풀에서 런던으로 가는 기차를 타려 할 때 픽스 형사가 그를 체포한다. 덕분에 일행은 런던에 5분 늦게 도착하게 된다. 결국 포그는 누명을 벗게 되지만 행복하지 않았다. 전 재산을 건 내기에서 졌기 때문이다. 무엇보다도 자신의 신념이 틀렸다는 것을 인정해야 한다는 사실이 싫었다. 그때 아우다가 포그에게 청혼을 한다. 여기서 잠깐. 당시 전형적인 영국 풍습대로 남성인 포그가 여성인 아우다에게 청혼한 것이 아니다. 인도에서도 이런 풍습은 없다. 하지만 쥘 베른은 이 설정이 극적 효과도 높일 뿐만 아니라, 배려를 받은 여성이라면 응당 할 수 있는 일이라 생각한 듯하다.

쥘 베른은 이야기의 퍼즐이 자연스럽게 풀리게 할 장치가 필요해서 결혼을 줄거리에 포함시킨 것일 수 있다. 하인 파스파르투는 목사에게 포그와 아우다의 결혼식 주례를 부탁하러 간다. 바로 그때 자신들이 동쪽으로 날짜 변경선을 넘어오는 바람에 하루를 벌었다는 사실을 알게 된다. 그렇게 정확하게 기준을 적용하는 필리어스 포그가 세계 일주를 계획할 당시에 기본적으로 생각했어야 하는 시차를 계산에 넣지 않은 것이다. 동쪽을 향해 가니까 경도 1도씩 움직이는 동안 4분씩 이익을 보게 되어 있다. 지구는 360도인 구형이니 한 바퀴를 돌면 정확하게 24시간, 즉 하루를 벌게 된다. 그러나 필리어스 포그는 영국의 땅을 마치 조금씩 시계의 시침을 바꿔가며 다니는 것으로 생각한 듯하다. 당시 사람들이 대부분 그랬던 것처럼 말이다.

여하튼 포그는 내기를 할 때 정했던 약속 시간을 3초 남겨 놓고 겨우 클럽으로 들어갔다. 덕분에 재산을 되찾았고 자신의 생각이 옳았음을 증명할 수 있었다. 그리고 사랑하는 여인까지 얻었다. 영국인들이 식민지에서 가져와 런던의 대영 박물관을 가득 채우게 된 보물처럼 말이다.

자, 이제 다시 정리해 보자. 필리어스 포그가 세계를 80일 안에 일주할 수 있었던 가장 큰 성공 요인은 무엇일까? 자기계발서나 실용서에 많이 나온 것처럼 주인공의 확고한 신념과 그것을 가능하게 한 열정 때문일까? 어느 정도는 맞는 말이다. 그런데 그것만으로는 설명이 안 된다. 필리어스 포그의 기본적 삶의 조건을 잘 들여다 보자. 그러면 답을 찾을 수 있다.

필리어스 포그가 다닌 곳은 모두 영국이 이권 개입을 하고 있었던 곳, 즉 동인도 회사가 활동하고 있던 곳이었다. 그래서 그는 2만 파운드의 영국 돈을 가지고 세계 여행을 할 수 있었던 것이다. 결론적으로 말해 영국의 제국주의 덕분에 일상에 매몰되어 있던 괴짜 영국 신사가 갑자기 집을 박차고 나가서도 세계 일주를 할 수 있었던 것이다. 순전히 신념과 열정으로 성공을 이뤘다고 하는 것은 거짓이다. 신념과 열정을 논하기 이전에 다른 요인이 있었다. 이 점을 간과하면 아무리 신념과 열정을 갖고 달려들어도 쉽게 도달할 수 없는 목표 때문에 좌절을 하게 된다.

먼저 자신의 조건을 살피고, 그 조건에 맞는 전략을 짠 후 열정을 다해야 성공할 확률이 높다. 쥘 베른은 그 성공 가능성을 정확히 계산했다. 그렇기에 자신이 프랑스인임에도 불구하고 영국인을 주인공으로 내세운 것이다. 쥘 베른은 괴수를 등장시키는 허황된 상상력이 아니라 현실감 있는 상상력을 갖고 있던 작가였다. 쥘 베른이 살던 19세기의 프랑스도 전 세계에 식민지를 건설하고 있었다. 하지만 해가 지지 않는 나라라고 하는 영국에 비할 것은 못 되었다. 그래서 쥘 베른은 프랑스 귀족이 아닌 영국 신사를 주인공으로 할 수밖에 없었다. 그리고 보편적인 성공 공식과 이국적인 정보를 덧대어 이야기를 만들었다.

그런데 이 모든 것이 제국주의적 생각에서 나왔다는 것이 문제이다. 쥘 베른이 그의 작품에 의도적으로 제국주의 개념을 넣어 창작한 것은 아니다. 그는 19세기 작가로서 무의식적으로 제국주의적 설정을 당연하게 받아들인 것이다. 하지만 만약 쥘 베른이 삶의 조건을 냉철하게 따지는 인문학적인 성찰을 조금 더 했다면 전혀 다른 작품을 구상했을지도 모른다. 어쩌면 독창적 상상력을 펼쳐 재미가 넘치면서도 현대에 읽어도 거부감이 없는 내용으로 이야기를 창작했을 수도 있다. 하지만 쥘 베른은 그러지 못했다. 제국주의 철학은 『15소년 표류기』를 비롯한 새로운 곳을 탐험하는 그의 창작 작품에서 일관되게 나타난다.

진정한 도전을 찾는 길

『80일간의 세계 일주』를 읽으며 전 세계를 여행하고 싶다는 생각을 한 번쯤은 해봤을 것이다. 그런데 필리어스 포그의 여행이 진정 우리가 꿈꿔야 할 세계 일주의 모습일까? 여행지에서 만난 사람을 개화시키거나 진귀한 보물과 여성을 차지하여 자랑하는 것 말고, 대등한 입장에서 친구를 사귀고 경험을 많이 쌓는 것은 어떨까? 필리어스 포그는 필리어스 포그로서 여행을 떠나 필리어스 포그로서 영국에 돌아와 똑같은 생활 습관을 고집하며 지냈다. 그러다가 그냥 전 재산을 날릴 뻔했다. 어디를 가도 그는 영국식으로 행동했다.

결국 그에게 세계는 커다란 영국이었던 것이다. 덕분에 그는 내기에 이기는 것에는 성공을 했지만 성장을 하지는 못 했다. 만약 그가 또 다른 영국 땅이 아니라 진정한 세상으로 떠나 또 다른 필리어스 포그가 되어 돌아왔다면 어땠을까? 다른 작품인 『15소년 표류기』의 주인공들은 섬 탈출에 성공하며 어려운 일을 겪고 부쩍 강해진 자신의 몸과 마음에 뿌듯함을 느꼈다. 그러나 그 수준에서 더 나아가 자신처럼 힘든 상황에 처할 수 있는 다른 사람까지 생각하는 성장을 했다면 더욱 국제적인 리더가 될 수 있지 않았을까?

이런 좀 더 깊은 이야기를 쥘 베른이 했다면 재미없는 이야기가 되었을까? 그렇다면 영국에서 태어나 낯선 마법 세계로 여행을 떠난 『해리 포터』의 이야기나 표류 소년의 이야기인 『파이 이야기』는 왜 전 세계 독자의 열광적인 호응을 받았을까? 진정한 도전을 더 담았다면 더 훌륭한 작품이 되지는 않았을까?

삶은 여행이라고 한다. 그러나 한 항공사의 광고 문안처럼 '넌 어디까지 가 봤니?'라고 자랑하려 서둘러 많은 여행지를 다닌다고 해서 성숙해지지는 않는다. 한 곳을 가더라도 오롯이 자신의 경험이 될 수 있도록 준비를 하고 떠나야 한다. 준비 없이 떠나 많은 곳을 다니는 것은 여행이라기보다는 방황에 가깝다. 여행은 어느 곳을 가 봤느냐가 아니라, 그곳에서 무엇을 어떻게 했느냐로 평가해야 한다. 누군가의 여행담을 듣는 재미는 전에는 몰라도 상관없던 낯선 지명을 아는 것에서 나오지 않는다. 낯선 곳에서 벌어진 사건과 낯선 사람들과 나눈 익숙한 가치, 시련을 통한 성숙과 지혜 등에서 재미와 감동이 나온다. 누군가 당신에게 당신의 꿈을 놓고 '넌 어디까지 가 봤니?'라고 물어 본다면 어떤 이야기를 해 줄 것인가?

필리어스 포그는 세계 일주를 했지만 변한 것이 별로 없다. 순장을 당할 뻔한 여성이 사랑을 고백하고, 새로 들어왔던 하인이 충직하게 변해 시차를 알아봐 주었지만 정작 필리어스 포그는 별로 변한 것이 없다. 그는 그의 세상에서 별로 밖으로 나가 보지 못했다. 한국의 공새미 가족은 80일간보다 훨씬 긴 304일간의 세계 일주를 했다. 그리고 자유로움과 정신적인 삶의 여유를 얻었다고 했다. 필리어스 포그가 얻은 것은 과연 무엇일까? 다른 사람의 인정? 자신의 신념에 대한 증명? 그게 진정한 꿈이 될 수 있을까?

쥘 베른의 책을 읽은 독자 중 저널리스트 넬리 블라이^{Nellie Bly}는 1889년 11월 14일에 뉴욕에서 출발하여 다음 해 1월 25일에 뉴욕으로 돌아오는 여행을 했다. 걸린 시간은 72일 6시간 7분 14초였고, 블라이는 프랑스를 지날 때 아미앵에서 쥘 베른을 만나기도 했다. 그러나 블라이의 기록은 얼마 후에 깨졌다. 조지 프랜시스 트레인^{George Francis Train}이라는 사람은 67일로 여행을 마쳤다. 지금은 마음만 먹으면 약 30시간 안에 세계를 한 바퀴 돌 수 있다.

그런데 이런 사람이 쓴 글은 여행기라기보다는 비행기와 공항 서비스 이용기에 더 가까울 것이다. 세상 사람을 만나는 과정에서 우연한 일을 경험하고 우정을 쌓는 이야기나 자신이 얼마나 변했는지에 대한 이야기가 빠져 있다. 그저 제한된 시간에 어디까지 가 보았는지 성공 여부에 대한 이야기가 결론으로 들어갈 것이다. 쥘 베른의 이야기를 비판적으로 읽지 않으면 독후행이 엉망이 되기 쉬우니 조심해야 한다.

뭔가 열정적으로 도전해야 한다면 욕심이 아닌 진정한 꿈과 관련된 도전이어야 한다. 『월든』을 쓴 작가이자 철학자인 헨리 데이비드 소로는 "꿈이야말로 그 사람의 진가를 알 수 있는 기준이다."라고 말했다. 우리는 우리의 진가를 어떻게 보여 줄 것인가? 새벽까지 학원이나 독서실에 있었던 이야기를 할까? 취업용 스펙 쌓기를 위해서 공모전 응모나 자격증 공부를 하며 학점 관리하는 이야기를 할까? 승진 누락자나 명예 퇴직자 대상에 들지 않기 위해서 앞만 보고 달리는 일상을 이야기할까? 그 이야기에 정말 감동과 재미가 있을까? 자신도 감동과 재미를 느끼지 못하는 것에 다른 사람의 마음이 움직일까? 다른 사람의 마음을 움직이지 못하는 사람이 리더로 성공할 수 있을까?

그렇다. 삶은 여행이다. 지금까지 즐거운 여행을 떠나지 못했다면 이번에 떠나면 된다. 삶의 여행길은 항상 열려 있다. 새로운 변화를 바라는 세계의 많은 사람들은 이미 그 길을 선택해서 행복하게 살고 있다. 행복의 길이 있는데 익숙함을 핑계로 굳이 불행의 길을 쫓아갈 필요는 없다. 물론 때로는 불행의 길이 행복의 길보다 더 편해 보이는 경우가 있다. 실제로 행복을 향한 길에서 고통을 겪기도 하기 때문이다. 그러나 우리는 그 길에서 성장을 한다. 여러분의 여행에도 성장과 행복이 함께하기를 기원한다.

보리 오빠와 함께 읽기
독후행 처방전

지식을 곁들여 읽으면 느낌이 확 달라지는 책들

『바람과 함께 사라지다』

미국 작가 마거릿 미첼의 『바람과 함께 사라지다』는 각종 공공기관의 중고생 추천 도서 목록에 기재되어 있다. 그만큼 꼭 읽어야 할 이유가 있을 것이다. 그런데 그 이유를 생각하지 않고 그냥 읽는다면 겉으로 드러난 줄거리밖에 알 수 없다. 즉 다음과 같은 줄거리 말이다.

이 소설은 미국의 남북 전쟁 시기의 남부를 주요 배경으로 하고 있다. 주인공인 열여섯의 스칼렛 오하라는 오만하고 제멋대로지만 아름다운 대지주의 딸이다. 그녀는 수많은 남자들에게 흠모를 받지만 그녀가 마음속에 담고 있는 유일한 사람은 애슐리다. 하지만 애슐리가 사촌인 멜라니와 결혼하자 스칼렛은 복수심으로 멜라니의 오빠인 찰스와 결혼한다. 스칼렛은 행복과는 거리가 멀었다. 결혼과 동시에 남북 전쟁이 발발해 애슐리와 찰스를 비롯한 대부분의 남부 남자들이 참전했다. 찰스는 전사하고 남부도 참패를 거듭하여 북군들이 몰려왔다. 대농장은 황폐화되고, 아버지는 정신 이상을 일으켰다. 스칼렛은 극도의 가난

독후행 처방전 81

과 고초를 겪었다. 그녀는 상황을 반전시키기 위해 동생의 약혼자인 프랭크와 결혼하고 애틀랜타에서 사업을 시작한다. 그러나 프랭크 역시 결투 중에 죽고 스칼렛은 다시 독신이 된다. 27세의 스칼렛은 그동안 티격태격 관계를 유지하고 있던 레트 버틀러와 결혼한다. 그러나 스칼렛이 애슐리를 잊지 못하자 레트는 그녀를 버리고 떠난다. 멜라니가 죽고 애슐리가 자기를 거부하자 스칼렛은 비로소 자신이 사랑했던 사람이 레트였다는 사실을 깨닫는다. 스칼렛은 모든 것을 잃었지만 성숙해지고 강인해졌다. 그녀는 자신의 땅 타라에서 새로운 삶을 시작하기로 결심한다.

아무런 배경지식 없이 소설의 줄거리만 읽는다면 이 소설은 매력적인 여주인공의 흥미로운 이야기에 불과하다. 이에 다음과 같은 배경지식이 하나씩 더해지면 어떨까?

마거릿 미첼(1900~1949)은 미국 애틀랜타 출신의 작가로, 법률가 겸 역사학자였던 아버지에게 남북 전쟁 때의 일화를 들으면서 성장했다. 덕분에 자연스럽게 역사에 흥미를 가지게 되었다. 그리고《애틀랜타》라고 하는 고향의 잡지 일을 하던 중 결혼했다. 1925년부터 10년 넘게 남북 전쟁과 전후를 배경으로 한 소설『바람과 함께 사라지다』를 썼는데, 많은 사람들이 이 소설에 의미를 부여하는 이유는 미국의 남북 전쟁 시기를 배경으로 했기 때문이라고 한다. 작가는 북부보다는 남부를 지지하는 것처럼 보이는데, 작가의 생애를 알게 되면 왜 작가가 남부의 입장에서 소설을 썼는지 이해할 수 있다.

그렇다면 이제 당시 미국 남부 문화는 어떠했을지 알아보아야 한다. 미국 남부에 대한 역사적·문화적 이해가 생겼다면 오만하기 그지없는 스칼렛을 이해할 수 있을 것이다. 그녀의 성격은 그 자체가 미국 남부의 문화적 특징을 띠었다. 즉, 스칼렛이라는 여성 인물이 남부 문화라는 전형성을 가졌기 때문에 미국인들에게 깊은 인상을 남길 수 있었던 것이다. 이 소설의 영문판을 보면, 스칼렛을 비롯한 미국 남부 사람들이 쓰는 어휘와 레트 버틀러와 북부인들이 쓰는 어휘가 다르다는 것을 확인할 수 있다. 또한 흑인 노예들의 어휘가 백인들과는 다르다는 점도 깨닫게 될 것이다.

앞서 살펴보았던 '배경지식을 통한 읽기' 방법을 활용하면 작품을 보다 깊게 이해할 수 있다. 특정 사회에서 사용했던 어휘와 시대적 배경의 이해를 바탕으로 독자는 작가가 제시하는 맥락 안으로 들어갈 수 있기 때문이다. 많은 사람들이 이 소설을 평가할 때, "불굴의 의지와 생명력을 표현했다"라고 말한다. 그러나 맨 처음 줄거리에서 보았듯이 미국의 남북 전쟁과 남부 문화에 대한 작가의 시선은 한국의 독자가 보기에 남부에 대한 편애를 표현한다는 생각을 가질 수 있다. 리프킨의 저서인 『유러피언 드림』에서 아메리칸드림이 형성되었던 과정을 확인한다면 마거릿 미첼이 왜 이런 소설을 썼는지 역추적할 수 있을 것이다.

『15소년 표류기』

쥘 베른의 『15소년 표류기』는 작가의 고향인 프랑스도, 경쟁국인 영국도 아닌 당시 새로운 개척지였던 뉴질랜드의 체어먼 기숙학교에서 시작한다. 기숙사에는 열네 명의 상류층 소년들이 있다. 소년들의 나이는 8세부터 14세까지이다. 그들은 여름 방학 동안 배를 타고 뉴질랜드를 한 바퀴 여행할 계획을 세운다.

주인공은 당대 식민지 건설에 혈안이던 나라의 아이들이다. 『15소년 표류기』의 원제는 『2년 동안의 휴가』이다. 휴가라는 단어가 쓰였다는 것을 통해 알 수 있듯이 다시 원래의 일상으로 돌아오는 줄거리를 갖고 있다. 『80일간의 세계 일주』의 주인공 필리어스 포그가 그랬던 것처럼 말이다. 열네 명의 소년들이 탄 '슬루기호'는 출항 하루 전날 밤 원인 모를 사고로 바다로 나가게 된다. 어른들은 한 명도 없고 견습 선원인 흑인 소년 한 명만 타고 있는 상황에서 갑자기 닻줄이 풀린 것이다. 부잣집 도련님들이었던 소년들은 최선을 다하지만 배를 조종할 줄 아는 사람이 없어서 그대로 먼바다로 떠밀려간다. 며칠 동안 폭풍에 시달린 뒤 슬루기호는 육지에 도착한다. 이로부터 본격적으로 소년들의 표류 생활 이야기가 시작된다.

『15소년 표류기』는 헌신적인 리더인 브리앙과 성실하지만 여유가 없는 고든, 오만하면서 용감한 드니판 등 아이들의 갈등을 중심으로 이야기가 펼쳐진다. 브리앙이 프랑스인이고 고든이 미국인, 드니판이 영국인인 것은 결코 우연적 설정이 아니다. 당시 식민지 건설에 있어 치고받고 싸운 어른의 세계가 투영되어 있다. 소년들은 당연하다는 듯 섬을 식민지라고 부르기까지 했다.

그런데 이 이야기에는 열다섯 명의 소년만 나오는 것이 아니다. 해적 윌콕스 일당과 야생 동물 등이 나온다. 소년들은 섬을 탐험하고 집단 내 주도권 싸움과 갈등, 악당과의 대결 등을 겪으며 성장한다.

비교적 두꺼운 책이지만 각 부분이 모두 새로운 모험 이야기로 되어 있어 마치 시리즈인 드라마를 연이어 보는 듯하다. 여러 나라 출신인 아이들이 서로 상호 작용하는 환경이 현재 글로벌 환경에 노출되어 경쟁과 화합을 해야 하는 우리 청소년의 미래와 비슷하다. 자연스럽게 글로벌 소양을 고민할 수 있도록 비판적 질문을 하고 해당 지식을 대입하면서 본다면 웬만한 청소년용 자기계발서 이상의 효과를 거둘 수 있다.

『아라비안나이트』

『아라비안나이트』는 흔히 '천일야화^{千一夜話}'로 알려져 있다. '천일 (1,001)'을 '1,000일'로 오해를 하기도 하는데, 천일야화는 말 그대로 1,001일 동안 일어난 일을 기록한 이야기이다.

아랍이라고 하면 과격한 모습을 먼저 떠올리는 사람이 많다. 테러 집단, 여인에 대한 학대, 엄격한 종교관, 가혹한 형벌로 상징되는 사회 규칙들. 그러나 아라비안나이트를 보면 상당히 다르다. 알라를 경배하면서도 다른 종교의 신에 대해서도 포용적이다. 아랍의 경전인 코란에도 다른 종교의 신을 존중하라고 쓰여 있다. 실제로 코란을 보면 기독교와 불교 등에 대한 언급을 하고 있으며, 그 가르침의 소중함에 대해서도 쓰여 있다. 그리고 종교라면 전도를 강조해야 함에도 다음과 같이 믿음을 강요하지 말라고도 쓰여 있다.

"그대 주님이 원하시면 지구상의 모든 사람들이 믿음을 가지게 될 것일진대, 그대는 어찌하여 사람들을 강요해서 믿음을 갖게 하려는가." (10:99)

이슬람이라는 말 자체가 '평화'와 '순종'을 뜻한다. 과격과 폭력이 아니다. 그러나 소수 과격파의 행동이 뉴스에 자주 등장하다 보니 우리는 아랍 사회 전체를 그렇게 판단한다. 한국의 사회면을 장식하는 성폭행 사건이나 패륜 사건, 혹은 다른 끔찍한 사건들을 본 외국인이 한국인을 오해하는 것처럼 말이다.

극도의 분노와 혐오감으로 여자를 죽이던 왕이 이야기하는 여자를 1,001일 동안이나 살려둔다는 설정에 맞게 『아라비안나이트』에 나오는 이야기는 재미있다. 그리고 쉽게 접할 수 없는 아랍의 문화와 가치관이 나와서 공부가 되는 유익한 기회도 제공한다. 물론 아랍의 문화와 가치관을 공부한 다음에 읽으면 더 재미있는 책이기도 하다. 그런데 더 재미있는 것은 아라비아어로 된 원본에는 알라딘의 이야기가 없다는 것이다. 즉 영어로 번역을 하면서 번역자가 중동의 유명한 민속 설화인 알라딘의 이야기를 끼워 넣은 것으로 보인다. 굳이 그렇게 하지 않았어도 사실 『아라비안나이트』 안에는 알라딘과 같은 이야기가 엄청나게 많이 들어가 있다.

『아라비안나이트』는 지금으로부터 적어도 1,500년 전에 지어졌다고 알려진 이야기이다. 어느 한 명이 쓴 이야기가 아니니, 이 책 속의 이야기는 그보다 훨씬 전부터 사람들의 입에서 입으로 전해진 아주 오래된 이야기일 것이다. 이렇게 오랜 시간 동안 이 이야기가 살아남을 수 있었던 비결은 무엇일까? 아랍의 문화에 익숙하지 않은 사람이 대부분이지만, 거의 모든 나라의 세계 문학 전집에 빠지지 않는 이유는 무엇일까? 그것은 바로 수천 년이 흘러도 변하지 않으며 지역이 달라져도 차이가 나지 않는 인간의 본성과 사회의 모습이 고스란히 녹아 있기 때문이다. 즉 우리는 『아라비안나이트』를 읽으면서 바로 우리 자신이나 이웃, 혹은 현대 사회의 모습을 발견한다. 그래서 『아라비안나이트』는 계속 살아남을 수 있는 것이다. 1,001일 동안 여인의 목숨을 살린 이야기는 1,001년을 넘어 어쩌면 10,001년까지, 아니 그 이후까지 살아남을지도 모르겠다.

해와 달이 된 오누이

탐정처럼 분석적으로 읽기

"왜
호랑이는 굳이
어머니의 옷을
벗겼을까?"

전래 동화를 탐정식으로 읽기

우리는 앞서 제3장을 통해 배경지식을 활용해서 책을 읽을 때 감동과 교훈이 달라지는 장점을 살펴보았다. 여기에서 한 발 더 나아가 인문학 책에서 얻은 지식까지 동원해가며, 마치 탐정이 사건을 설명하기 위해 사소한 요소까지 놓치지 않고 꼼꼼히 살펴보는 것처럼 작품을 탐구하는 것을 권하고 싶다.

탐정은 겉으로 드러난 모습 그대로만 보지 않는다. 다른 사람과는 구별되는 시각을 갖고 적절한 지식을 활용해서 사건에 숨겨진 진실을 발견하려고 최선을 다한다. 그 결과 어떤 때는 가장 슬퍼하고 있는 피해자의 가족 중에서 범인을 지목하는 등의 반전을 만들기도 한다.

이런 탐정의 특성을 독서에 적용하면 동화도 어른의 시각으로 볼 수 있다. 동화는 아이들이 보는 이야기이지만 그 동화를 만들거나 들려주는 것은 어른이기 때문이다. 범인이 부주의하게 단서를 사건 현장에 남겨 놓고 나와 탐정에게 뒷덜미를 잡히는 것처럼, 어른이 오랜 시간에 걸쳐 들려준 동화를 자세히 살펴보면 어린이에게 이야기하면서도 포기하지 못한 어른의 세계를 이해할 수 있게 된다.

　어른과 아이, 즉 성인과 미성년자를 구별하는 여러 특징 중에 하나는 성性일 것이다. 성인成人인 어른은 자신이 원할 때 성행위를 하는 것이 사회적으로 인정받는 데 반해, 미성년자의 성행위는 처벌을 받거나 손가락질을 받게 되니 말이다. 그렇다면 어른이 쓴 전래 동화에도 어른의 세계에만 있다고 생각되는 성 문제가 은밀하게 들어가 있을까? 인문학 지식이라는 현미경을 갖고 살펴보면 보인다.

　프로이트는 성性을 중심으로 인간의 행동과 마음을 탐구한 학자이다. 그런 그의 이론으로 어린이용 전래 동화를 분석하는 것은 가당치 않은 일처럼 느껴진다. 왜냐하면 우리는 일반적으로 '어린이' 하면 순수함, 선함, 천사와 같은 단어를 떠올리기 때문이다.

　"오, 어린이는 지금 내 무릎 앞에서 잠을 잔다. 더할 수 없는 참됨과 더할 수 없는 착함과 더할 수 없는 아름다움을 갖추고, 게다가 또 위대한 창조의 힘까지 갖추어 가진 어린 하느님이 편안하게도 고요한 잠을 잔다. 옆에서 보는 사람의 마음속까지 생각이 다른 번잡한 것에 미칠 틈을 주지 않고 고결하게 순화시켜 준다. 사랑스럽고도 부드러운 위엄을 가지고 곱게, 곱게 순화시켜 준다."

위 글은 소파 방정환 선생이 어린이에 대해서 쓴 것이다. 우리의 생각도 이와 다르지 않다. 그러나 어린이들은 순수하기 때문에 성욕을 느끼지 않을 것이라는 생각이 옳은 걸까. 어린이는 자라면서 사춘기를 겪게 되고 2차 성징이 나타나며 이성에 대한 관심이 폭발한다. 특히 신체적 접촉에 대해서 민감하게 된다. 외계인이 갑자기 아이를 잡아다가 약을 주입해서가 아니다. 아이들이 원래 갖고 있던 호르몬이 왕성하게 분비되면서 이런 변화가 일어나는 것이다. 즉 어린이라고 해도 잠재적으로 성적 요소를 갖고 있다. 프로이트에 따르면 어른이라고 해서 갑자기 더 성적인 존재가 되는 것이 아니라 인간은 원래 성적인 존재이라는 것이다.

프로이트는 인간의 마음이 무의식에 의해 많이 좌우된다고 주장했다. 무의식은 인간이 의식하지 못하는 마음이다. 그런데 때로는 의식보다 무의식이 더 많은 영향을 주기도 한다. 전래 동화 속에도 자신은 의식하지 못하지만 무의식은 알아채는 요소가 숨어 있다. 프로이트의 이론에 따라 전래 동화를 보면 무의식적 요소, 그중에서도 가장 민감한 요소인 성적 요소로 이야기를 해석해 볼 수 있다. 이 책에서는 오랜 시간 입에서 입으로 전래된 이야기인『해와 달이 된 오누이』를 분석하고자 한다.

『해와 달이 된 오누이』는 전달한 사람이나 들어서 기억하는 사람의 특성에 따라 내용이 조금씩 달라졌다. 호랑이가 팥죽부터 떡까지

뺏어먹었다는 이야기도 있고, 떡을 다 먹어치우자마자 한번에 어머니를 잡아먹었다는 이야기도 있다. 이것은 진짜 주인공인 오누이를 빨리 등장시키고 싶은 사람들의 바람이 작용한 것일 수 있다. 지금도 영화가 시작되고서 5분 이내에 주인공이 나오지 않으면 답답함을 느끼는 관객이 많은 것처럼 말이다.

호랑이가 어머니의 옷을 벗긴 것에 대해서도 대수롭지 않게 여긴 사람들이 많았다. 아이들마저 잡아먹기 위해서는 어머니 행세를 해야 하기 때문에 당연히 옷이 필요하다고 생각한 것이다. 그런데 한편에서는 어머니의 옷을 하나씩 벗기면서 몸의 일부분을 차례로 먹었다는 이야기도 있다. 이때 어머니는 젊은 여성으로 등장한다. 반대로 아예 야릇한 상상을 하지 못 하도록 늙은 어머니가 등장하는 이야기도 있다. 늙은 어머니와 어린 오누이는 맞지 않는 설정임에도 성적인 내용이 들어가는 것 자체를 싫어하는 사람들이 있었기 때문일 것이다.

이처럼 『해와 달이 된 오누이』는 어느 한 명이 창작한 것이 아니다. 이야기가 더해지기도 하고 없어지기도 하며 오랜 시간 여러 사람의 입과 귀를 통해 현재 상태에 이른 것이다. 이 과정은 다분히 의도적이라기보다는 말하는 사람이나 듣는 사람 모두의 욕구를 충족하기 위한 무의식적 과정으로 진행되었다. 그중 성적인 자극을 주는 이야기에 초점을 맞춰볼까 한다. 이미 잘 알고 있는 이야기일지라도 기발하고 발칙한 상상의 눈으로 들여다보면 새로운 교훈을 발견할 수 있지 않을까?

　프로이트가 『해와 달이 된 오누이』를 읽었다면 무의식을 움직이는 가장 강력한 힘인 성적인 에너지를 바탕으로 이야기를 해석했을 가능성이 크다. 이런 식의 해석이 가장 좋은 해석은 아닐 수 있다. 하지만 그의 이론에 기대어 작품을 보면 의식하지 못했던 무의식의 세계를 만나게 될 것이다. 그리고 이것은 작품의 해석 가능성을 넓히는 데 도움이 될 것이다. 여러분도 함께 보물찾기를 하는 심정으로, 아니 탐정이 된 기분으로 이야기 속에서 무의식적인 요소를 찾아보도록 하자.

이야기 속 무의식의 단서 찾기

　『해와 달이 된 오누이』의 줄거리는 다음과 같다. 옛날 옛적 산골에 홀로 삼 남매를 데리고 사는 엄마가 있었다. 그런데 하루는 부잣집의 잔치를 도와주고 보답으로 떡을 한 광주리 얻어 집으로 돌아가다가 고갯마루에서 호랑이를 만났다. 호랑이가 길을 막아서고는 "떡하나 주면 안 잡아먹지"라고 엄마를 위협했다. 엄마는 바들바들 떨면서 호랑이에게 떡을 주었다. 또 고개를 넘어가자 호랑이가 "옷을 벗어 주면 안 잡아먹지"해서 옷을 벗어 주었다. 그런 식으로 고개를 넘으며 하나씩 벗어 주다 보니 곧 벌거벗게 되었다. 그 다음에는 호랑이가 팔, 다리 등등 신체의 부분 부분을 하나씩 더 요구했다. 그러다가 결국에는 마지막 고개에서 호랑이가 엄마를 잡아먹어 버렸다.

엄마 옷을 입은 호랑이는 아이들이 있는 집으로 갔다. 호랑이가 "엄마 왔다"하며 문을 열어 달라고 하자 아이들은 엄마 목소리가 아니라고 했다. 호랑이는 "엄마가 찬바람을 쐬어서 목소리가 변한거야"라고 얼버무렸다. 아이들이 그러면 손을 내밀어 보라고 하였다. 손을 내미니 털북숭이 거친 손이었다. 아이들이 엄마 손이 아니라고 하자 호랑이는 밭을 매고 와서 풀이 묻어 거칠어진 것이라고 했다. 그러면서 아기를 내달라고 했다. 아이들이 아기를 내어주니 호랑이는 부엌으로 가서 아기를 잡아먹었다. 오도독 오도독 소리가 났다. 오누이가 무엇을 먹느냐고 물으니까 무를 깎아 먹는다고 했다.

오누이는 엄마가 아니라 호랑이라는 것을 알아챘다. 그리고 재빠르게 뒷마당 우물가에 있는 커다란 나무 위로 올라갔다. 아이들이 없어진 것을 안 호랑이는 아이들을 찾아다녔다. 그러다가 우물 속에 비친 아이들을 발견하고는 어떻게 물속에 들어갔느냐고 물었다. 호랑이의 어리석음에 여동생이 그만 웃음을 터뜨렸다. 호랑이가 위를 쳐다보니 나무 위에 오누이가 있었다. 호랑이가 어떻게 올라갔느냐고 묻자, 오빠가 참기름을 바르고 올라왔다고 말했다. 호랑이가 부엌에서 참기름을 찾아 손에 바르고 나무를 오르려니 미끄러워서 오를 수가 없었다. 이것을 보고 동생이 도끼로 나무를 콕콕 찍어서 올라왔다고 말했다. 그러자 호랑이는 도끼를 찾아 나무를 찍으며 올라왔다. 호랑이가 점점 가까이 올라오자 오누이는 하늘에 빌었다.

"우리를 살리시려면 새 동아줄을 내려 주시고 우리를 죽이시려면 썩은 동아줄을 내려 주세요."

하늘에서 새 동아줄이 내려왔다. 오누이는 동아줄을 타고 하늘로 올라갔다. 호랑이도 하늘에 대고 빌었다.

"저를 죽이시려면 새 동아줄을 내려 주시고 살리시려면 썩은 동아줄을 내려 주세요."

그랬더니 하늘에서 썩은 동아줄이 내려왔다. 썩은 동아줄을 타고 하늘에 올라가던 호랑이는 동아줄이 끊어지는 바람에 옥수수 밭에 떨어져 죽었다.

하늘에 올라간 오빠는 해가 되고 동생은 달이 되었다. 동생은 달이 되어 밤에 다니니 귀신도 나오고 어두워서 무섭다며 오빠에게 역할을 바꾸자고 하였다. 마음이 넓은 오빠는 역할을 바꿔 주었다. 그런데 낮에 다니게 된 여동생은 사람들이 모두 자신을 쳐다봐서 부끄러웠다. 그래서 바늘로 콕콕 쏘았다. 그래서 해를 보면 눈이 아파 제대로 눈을 뜰 수 없다는 전설이 전해지고 있다.

이야기 속에 숨어 있는 성 개념

『해와 달이 된 오누이』의 이야기를 보면 몇 가지 점이 눈에 띈다.

첫째, 어머니가 처음에는 호랑이에게 먹을 것을 주다가 나중에는 옷을 벗어 준다는 점이다. 떡만 먹거나 처음부터 어머니를 잡아먹으면 될 것을 왜 호랑이는 굳이 어머니의 옷을 벗겼을까? 프로이트의 이론에 따라 이야기를 살펴보면 호랑이가 상징하는 것이 남성, 즉 아버지가 아니겠느냐는 생각을 할 수 있다. 오누이가 사는 집은 갓난아이까지 있는데 아버지의 생사 여부에 대한 설명이 빠져 있다. 그런데 어머니를 만난 호랑이는 여느 가부장적인 가정에서 저녁 식사를 기다리는 아버지처럼 어머니에게 먹을 것을 달라고 요구한다. 그리고 그 다음에는 성욕을 채우기 위해 옷을 벗게 한다. 급기야 신체 부위를 하나씩 먹는다. 어린이 입장에서는 뭔지 모를 이야기이지만 어른들은 자신의 성행위 과정과 유사한 이야기를 통해 무의식적으로 욕구를 자극 받아 묘한 쾌감을 느낀다. 프로이트에 따르면 어린이라고 해도 무의식적으로 욕구의 자극을 받기에 이런 이야기에 마음이 끌리게 되어 있다.

물론 프로이트의 이론에 대한 학자들의 반응이 나뉘었던 것처럼 이런 주장이 듣는 사람을 불쾌하게 할 수도 있다.

"난 전혀 아닌데, 이게 무슨 말이야."

프로이트는 의식이 아닌 무의식의 영향을 말했다는 사실을 잊지 말자. 즉 의식적으로 "아, 이런 부분이 딱 보여서 난 너무 좋아." 하는 것이 아니라 그런 부분이 있는지조차 의식하지 못하면서도 무의식적으로 영향을 받는다는 게 프로이트의 주장이다.

둘째, 주인공이 남매이다. 아기가 등장하지만 곧 호랑이에게 잡아먹히고 만다. 아기는 심지어 성별이 무엇인지도 나타나지 않았다. 두 살이 안 된 아기는 먹는 것이든 장난감이든 손에 잡히는 것은 뭐든지 입으로 집어넣고 보는 시기이다. 그래서 프로이트는 이 시기를 '구강기'라고 불렀다. 이 시기의 아기는 자신의 성별에 대한 자각이 일어나기 전이다. 이에 비해 좀 더 큰 남매는 이야기 속에서 오빠와 여동생으로 명확히 구별이 된다. 왜냐하면 성별에 대한 자각이 생긴, 지금으로 따지면 초등학생 정도로 추측되는 나이이기 때문이다. 그런데 초반에는 남매의 구별이 눈에 띄지 않는다. 생활 공간이 나뉘어져 있지도 않다. 함께 방에 있으면서 침입자인 호랑이를 보고 놀라는 등 똑같이 반응한다. 남녀 차이가 없는 것이다. 그러던 남매가 호랑이에게 본격적으로 쫓기게 되면서 반응이 구별된다. 즉 오빠는 변함없이 호랑이에게 부정적인 태도를 보이는 데 비해, 여동생은 우왕좌왕하는 호랑이의 모습을 보고 웃거나 도끼를 찍어서 나무 위에 올라왔다는 비밀도 이야기해 준다.

만약 호랑이가 아버지를 상징한다는 가정을 받아들인다면 이런 오빠와 여동생의 반응 차이가 쉽게 설명이 된다. 오빠는 자신과 같은 성별을 갖고 있는 아버지에 대해서 반감을 가지고 있다. 이것을 프로이트는 '오이디푸스 콤플렉스Oedipus Complex'라고 불렀다. 이에 비해 여동생은 아버지에 대한 반감이 아니라 호감을 갖고 있다. 이런 오이디푸스 콤플렉스와 반대되는 상황을 지칭하는 용어가 바로

'엘렉트라 콤플렉스Electra Complex'이다. 이 두 용어는 모두 신화에 나오는 인물의 이름에서 따왔다.

오이디푸스의 비극적인 생애는 그의 출생과 함께 예견되었다. 테베의 왕 라이오스와 이오카스테는 아들이 태어났다는 사실에 더할 나위 없이 기뻐했다. 서둘러 예언가를 불러들여 아이의 앞날을 점쳐 보았다. 그러나 예언가의 얼굴은 일순간에 일그러졌고 그는 침울한 표정으로 겨우 입을 열었다.

"왕이시여, 왕자는 장차 아버지를 죽이고 어미를 범할 것입니다."

왕과 왕비는 충격에 휩싸였다. 결국 왕은 고민 끝에 아이의 복사뼈에 쇠못을 박아 키타이론의 산중에 내다 버릴 것을 명한다. 산에 버려진 아이는 코린토스의 목동에게 길러져 코린토스 왕국의 왕자로 자란다. 훗날 청년이 된 왕자는 자기의 뿌리를 알고자 델포이에서 신탁을 받는다.

'장차 아비를 죽이고 어미를 범한다.'

그는 어떻게든 정해진 운명을 피해보고자 방랑길에 오른다. 그리고 테베에 이르는 좁은 길에서 한 노인을 만나 사소한 시비 끝에 그를 죽이고 만다. 그 노인이 자신의 아버지임을 몰랐던 것이다.

당시 테베에는 스핑크스라는 괴물이 나타나 수수께끼를 내어 풀지 못하는 사람을 잡아먹고 있었다. 여왕은 이 괴물을 죽이는 자는 왕위를 이어 받고 자신과 혼인할 수 있다고 약속한다. 그러자 오이디푸스가 수수께끼를 풀어 스핑크스를 죽인 후 왕위에 올랐고, 어머니인 줄도 모르고 왕비를 아내로 삼았다. 둘 사이에는 네 자녀가 태어났는데, 왕가의 불륜이 사단이 되어 테베에 전염병이 나돈다. 오이디푸스는 그것이 모두 자신이 저지른 잘못 때문이라는 것을 알게 된다. 그리고 자신의 두 눈을 뽑고 방랑길에 오른다. 이것이 바로 거대한 운명을 짊어진 나약한 인간 오이디푸스의 최후였다.

엘렉트라의 이야기도 그리스 신화에 나온다. 미케네의 왕인 아가멤논과 그의 딸 엘렉트라의 이야기이다. 아가멤논은 10년 동안의 트로이 전쟁을 마치고 귀국했다. 그런데 바로 그날 밤에 아내인 클리타임네스트라와 아이기스토스에게 살해당하였다. 이 사실을 안 엘렉트라는 동생인 오레스테스와 힘을 합쳐 어머니와 아이기스토스를 죽였다. 엘렉트라는 아버지에 대한 사랑 때문에 어머니를 증오하고 죽음까지 불사하며 복수하는 집념을 보여 준 것이다. 이렇듯 어머니에 대한 반감을 갖는 대신 아버지에 대한 호감을 갖는 것이 엘렉트라 콤플렉스의 가장 큰 특징이다. 사춘기가 되면 엄마와 관계가 틀어지는 딸이 많은 이유, 아들보다 딸을 더 좋아하는 아버지가 많은 이유, 딸은 엄마와는 지지고 볶고 싸우는 시간이 많지만 아빠와는 주로 애교를 부리며 잘 지내려고 노력하는 경우가 많은 것도 정신 분석 학자들은 엘렉트라 콤플렉스로 설명한다.

오이디푸스 콤플렉스에 대한 프로이트의 이론에 따르면 남자 아이는 엄마를 독점하려고 한다. 그런데 아이의 이러한 욕망은 특정한 시기를 지나면 자연스럽게 좌절된다. 자신을 낳아 준 아버지에 대한 죄책감과 아직 어린 자신이 힘이 센 아버지와 싸우는 것은 무리가 따른다는 것을 알게 되기 때문이다. 결국 아이는 오이디푸스 콤플렉스를 겪은 후 자연스럽게 어머니에 대한 욕망을 포기하고, 대신 아버지와 자신을 동일시한다. 자신이 직접 한 사람의 아버지가 되는 쪽으로 목표를 수정하는 것이다. 그리고 자신에게 주어진 사회의 금지와 법을 습득한다. 그러면서 아버지와 같은 성숙한 남성으로서 성장한다.

한편 딸이 엄마에 대한 반감을 가지는 엘렉트라 콤플렉스는 어머니의 여성적 가치를 자기와 동일시하면서 사라질 수 있다. 그런데 『해와 달이 된 오누이』를 보면 엄마가 일 때문에 하루 종일 집을 비우는 경우가 많다는 것이 암시되어 있다. 딸이 엄마와 여성적 가치를 동일시할 시간이 없다. 덕분에 여동생은 자신이 여자인 것을 인지하는 나이가 되었음에도 아버지적 존재에 대해서 강하게 호감을 보이는 것이다.

오빠와 여동생의 반응 차이는 이야기의 후반으로 갈수록 더 커진다. 하늘로 올라간 오누이는 처음에 오빠가 낮에 다니고 여동생이 밤에 다녔다. 사람들이 갖고 있었던 보편적 사고인 남자는 양陽이고 여자는 음陰인 이치가 이야기에 그대로 반영된 것이라 하겠다. 그런데 재미있는 것은 여동생이 무섭다며 낮으로 가고 싶다고 한 것이다. 오빠는 당시 시대의 규범이기도 했던 가부장적 남성의 위신에 맞게 대범한 척 여동생의 요청을 들어준다. 이야기는 이렇게 은밀하게 메시지를 전달한다. 즉 강자로서의 남자가 약자로서의 여자를 보호해야 한다는 전통 사회적 규범으로 해피엔딩을 이룬 것이다.

누이가 힘든 일을 겪고 당당히 여전사처럼 살게 된 것으로 해피엔딩을 이룰 수도 있었지만, 그것은 당시 가부장적인 시대의 성 역할과 맞지 않는 결말이다. 그래서 호랑이에 대한 대처 방식에서부터 결말에 이르기까지 남자와 여자의 성의 역할을 구별하는 식으로 이야기를 일관되게 밀어붙였다. 이야기의 처음 부분에서 오빠가 여자인 동생과 다름없이 호랑이에게 겁을 먹었던 것이 나온다. 그러나 시간이 갈수록 확실히 남성의 성 역할 규범에 맞게 사회화되는 쪽으로 발달한다. 우리의 현실에서도 남자아이에게는 "사내아이가 왜 이렇게 겁이 많아" 내지는 "울면 남자가 아니지", "남자가 왜 이리 약해"라며 다그친다. 아이는 이런 말들을 통해서 남자로서 취해야 하는 행동의 사회적 규범을 습득한다. 그러면서 여자와는 다른 성적 정체성을 갖게 된다. 이에 비해 여동생은 좀 더 소극적이고 아기자기한 방향으로 정체성을 발달시킨다. 즉 낮으로 자리를 옮기고도 부끄러워 바늘을 씀으로써, 전통 사회의 여성으로서의 성 역할을 받아들이는 방향으로 성장한다. "여자애가 왜 이렇게 왈가닥이야" 내지는 "여자가 조신하지 못하게 시리", "여자가 억세면 안 돼"라는 교육을 받기라도 한 것처럼 말이다.

『해와 달이 된 오누이』가 오래전 이야기라서 성별에 따라 차별이 있다고 생각할 수도 있다. 하지만 21세기인 지금도 파란색 옷과 분

홍색 옷을 성별에 따라 나눠서 아기에게 입히는 것을 보면 성 개념이 우리 삶에 얼마나 은밀하게 자리 잡고 있는지 확인할 수 있다.

청소년간의 성폭행 사건과 청소년 미혼모 문제, 원조 교제 문제도 그릇된 성 개념에서 파생된 것일 수 있다. 여자는 좋아도 내숭을 떨기 위해서 싫다고 말한다는 편견이 데이트에서의 성추행이나 성폭행으로 이어진다. 여자를 욕망의 대상으로만 본 아이는 쉽게 여자를 농락하고, 혹시 임신을 하게 되더라도 책임을 질 생각을 하기보다는 다른 욕망의 대상을 찾아 떠난다. 그래서 미혼모만 힘겹게 아이와의 삶을 지탱하며 고통을 받는다. 청소년 성매매를 통해 돈을 받고 몸을 파는 행동 또한 가치관의 문제뿐만 아니라 올바른 성 개념이 없기 때문에 생기는 것이다.

청소년에게 성교육을 할 때 주로 생식기 구조나 성병, 성폭력 대처법에 대해서 가르친다. 왜 성이 필요한 것이며 우리가 어떻게 성을 통해서 행복할 수 있는가라는 긍정적인 면보다는, 나쁜 것을 방어해야 한다는 식의 부정적인 면이 더 강조되어 듣는 사람 입장에서는 여전히 답답하다.

올바른 성 개념을 갖기 위해서는 성에 대한 논의를 은밀하게 해서는 안 된다. 성에 대해서 숨길수록 청소년은 그것이 뭔가 잘못되어 숨기는 것이라고 오해하기 쉽다. 그런 상황에서 술집의 접대부 광고 전단지나 각종 변태적 동영상을 접하니 성은 정말 추악한 것이라고 생각하며 자신의 성적인 욕망을 불편해하게 된다. 그래서 너무 억누르다 다른 부분에서 공격적인 성향을 띠게 되거나, 아니면 그것을 맘껏 해소해야 한다며 일탈 행동과 범죄 등 그릇된 선택을 하게 된다.

미성년자는 자신에게 생긴 성적 욕구가 일단은 불편하다. 왜냐하면 예전에는 느껴지지 않았던 욕구인데 계속 자신에게 들러붙어 괴롭게 하기 때문이다. 그러니 일단은 불안감을 없애는 작업부터 해야 한다. 공포를 느끼게 하는 자극을 해결하는 방법은 두 가지다. 평생 피해 다니거나 반복된 노출로 익숙해지거나. 그런데 반복된 노출이 진정한 성이 아니라 야한 동영상과 같이 비틀어진 것이니 그것이 또 다른 문제를 야기하는 것이다.

성性은 사랑을 표현하는 수단이자 종족을 보존하기 위한 수단이다. 그런데 인간의 성은 종족 보존의 목적 이외의 것에 더 많이 쓰이고 있다. 사랑을 표현하는 수단으로 더 많이 쓰라는 말이 지금 당장 활용하라는 의미가 아니다. 사랑이 무엇인지부터 명확히 고민을 해야 그것을 표현할 수단으로 성을 고려해 볼 수 있다. 성적 욕구가 치밀어 오를 때 사랑에 대해서 고민하면, 단순한 호기심이나 순간적 욕구에 의해서 그릇된 행동을 할 확률은 줄어들 수 있다. 이처럼 부정적 사건을 미리 피하는 독후행에 가까운 교훈은 탐정식 읽기를 통해 얻을 수 있다.

탐정의 눈으로 본 새로운 교훈

겉으로 언뜻 보면 『해와 달이 된 오누이』는 악당 역할을 하는 호랑이를 착한 주인공인 남매가 응징하는 권선징악勸善懲惡의 이야기인 듯하다. 그런데 여기에서 잠깐. 단서를 찾는 탐정처럼 질문을 해 보자. 어머니는 왜 하필 외딴 산골에서 남매들을 키우고 있었을까? 자식 교육을 위한 서당이나 자신의 장사를 위한 시장을 생각하면 가급적 마을 가까이에 살았어야 했는데 말이다. 시대적으로 여성이 독립적인 경제권을 갖기 힘든 옛날이었음을 고려하면 아들을 중시여길 시댁이나 아비 없이 아이들을 키우는 자신을 도와줄 친정 가까이 사는 것이 정상이다. 그런데 그렇지 않았다는 것은 그만한 사정이 있었음을 추리해 볼 수 있다.

『해와 달이 된 오누이』에는 아버지의 생사 여부에 대한 언급조차 없는 점이 특이하다. 똑같이 구전으로 전해진 『심청전』에는 심청이의 친모가 어떻게 죽었는지 나오는 것과 다르다. 옛날에는 역적으로 몰려 도망을 쳐 숨어 살아야 하는 처지가 아니면 굳이 산골에 살 필요가 없었다. 그러니 오누이의 아버지는 떳떳이 말할 수 없는 역모와 같은 사건에 휘말려 유배되거나 죽었다고 추측할 수 있다. 농경 생활을 해야 하는 옛날에 힘이 센 남자가 없다는 것은 기본적 생존에 큰 문제가 생긴 것이다. 그런데 그 빈자리를 도와줄 시댁, 친정 근처가 아닌 외딴 산골에 들어갔다는 것은 사람들과 접촉하는 것이 두려운 상황이라고 볼 수 있다.

한편 어머니가 평범한 떡장수라고 생각해 볼 수도 있다. 즉 할머니로부터 떡 만드는 법을 배워 떡이나 팔며 어렵게 사는 인물이라고 말이다. 혹은 어머니는 부잣집 자제였을 수도 있다. 호랑이가 나타났는데도 강단 있게 맞서는 오빠의 모습에서 옛날에 중시했던 남다른 혈통의 힘이 느껴지기 때문이다. 그런데 고귀한 신분이라면 식모를 둬서 살았을 텐데 어떻게 떡을 만들 수 있겠느냐고 의심할 수 있겠다. 예나 지금이나 아랫사람을 부리려면 자신이 일머리를 알아야 한다. 종갓집 며느리처럼 일머리를 꼼꼼히 알아 음식이며 대소사 진행을 다 챙기는 경우가 있음을 무시해서는 안 된다. 어쨌거나 어머니가 떡장수였다면 더더욱 장사를 잘 알 텐데 재료 조달과 판매가 어려운 외딴 곳을 선택한 것이 이상하지 않은가?

이렇듯 여러 정황을 고려해 탐정처럼 보면 표면적인 교훈인 권선징악이 아닌 새로운 교훈을 발견할 수 있다. 외딴 곳에 숨어서 살 수밖에 없던 사람이 인생의 위기를 이겨내면 더 높고 멋진 존재가 되어 세상 사람들이 우러러보게 된다는 반전의 교훈 말이다.

당시 상황에 따르면 어머니는 산골로 숨어들 수밖에 없는, 어쨌거나 부정적인 면이 강한 존재였지만 하늘을 우러러 떳떳하다고 생각했을 것이다. 그리하여 언젠가 하늘의 도움으로 상황이 달라질 것이라는 희망을 갖고 시간이 있을 때마다 하늘에다 빌었을 것이다. 다시 예전처럼 돌아가기를 간절하게. 그러니 그 모습을 본 오누이가 호랑이에게 쫓기는 급박한 순간에도 하늘에 도움을 구한 것이다. 재미있는 것은 어머니는 정작 호랑이를 만나는 위기의 순간에 어떻게든 자기 힘으로 탈출하려 했다는 것이다. 뭘 해도 쉽게 변하지 않는 세상에 대한 어른들의 체념이 담긴 것으로 볼 수 있다. 이렇게 따져 보면 주로 자기계발서나 위인전에서 말하는 "우리의 삶은 자신의 선택과 힘으로 얼마든지 달라질 수 있다"는 교훈과는 다르다. "어차피 우리의 삶은 하늘에 달려 있다"는 인명재천人命在天을 이야기하며 지금 주어진 숙명을 받아들이고 하늘에 빌기나 하라는 다소 수동적인 교훈을 전달하고 있다고 볼 수 있다.

그런데 이야기에 전환점이 있다. 오누이는 자신들을 산골로 밀어낸 세상을 비추는 해와 달이 되었다. 아빠를 유배 보냈거나 죽게 하여 자기들과 함께할 수 없게 한 세상, 어려운 처지임이 뻔한데도 사람들이 도와주지 않아 먼 곳으로 떡을 팔러 다닐 수밖에 없게 한 세상, 엄마와 동생을 죽이고 자기들도 죽이려고 했던 짐승들이 있는 세상을 도와주려 각각 해와 달이 된 것이다. 이렇게 보면 이것은 '용서'의 교훈을 전달하는 이야기가 된다.

용서는 피해자가 기분 좋게 가해자의 사과를 받고 인정하는 것이 아니다. 서로 사이좋게 악수를 하고 좋은 친구로 지내기로 하는 것이 용서가 아니다. 용서의 심리학적 핵심은 '더 이상 다른 사람이 준 상처에 휘둘리지 않고 나 자신의 삶을 살기로 결정하는 것'이다. 즉 자기 삶의 운전대를 온전히 자기 손으로 운전하려는 것이 용서이다. 운전대를 남들과 사이좋게 나눠 갖는 것이 용서가 아니라는 말이다. 피해자가 아닌, 어려움을 이겨낸 승리자가 되고자 결정하는 것이 용서이다.

해와 달이 된 오누이에게는 호랑이에 대한 원망이나 엄마와 아기의 죽음에 대한 슬픔이 없다. 어쩔 수 없는 과거가 아닌 자신들이 변화시킬 수 있는 미래를 보기 때문이다. 이것이 바로 이 이야기의 진정한 교훈이 될 수 있다. 올려다보는 사람들로 인한 부끄러움을 무릅쓰고서라도 해로서 '살아가겠다'는 미래 지향적 성장을 보여주는 능동적인 교훈 말이다. 탐정처럼 여러 조건을 추측하며 세밀하게 읽지 않았다면 얻지 못했을 교훈이기도 하다.

보리 오빠와 함께 읽기
독후행 처방전

탐정식 책 읽기를 위한 추천 도서

탐정처럼 분석적으로 상황을 보는 훈련을 하기 위해서는 아예 탐정이 주인공인 『셜록 홈즈』나 아가사 크리스티의 『오리엔트 특급 살인』과 같은 소설이 좋을 수 있다. 하지만 이 책에서는 사소한 요소도 놓치지 않고 보았을 때 독서의 재미를 더 높여 주는 책을 추천하기로 한다. 그런 책은 주로 논픽션 교양서에 속해 있으니 흥미 있는 분야에서부터 출발하는 것도 좋다.

『왜 세계의 절반은 굶주리는가?』
장 지글러 글 | 갈라파고스

1934년생인 장 지글러 Jean Ziegler 는 사회학자이자 교수이며, 2000년부터 2008년까지 유엔 특별식량조사관으로 활동했고, 현재는 유엔 인권위원회 자문위원을 맡고 있다. 즉 그는 정치가가 아니다. 과격한 단체를 이끄는 리더도 아니다. 그런 그가 이 세상에 대해서 철저히 저항하라고 요구하고 있다. 그 이유가 무엇일까? 이 질문에 대한 답은 그가 자신에게 던진 질문인, 과학이 발달하고 식량은 증가하는데도 "왜 세계의 절반은 굶주리는가?"라는 것에서부터 출발한다.

거대한 국제적 흐름이 우리 주변과 어떻게 연결되는지를 확인하면 반대로 우리 주변의 변화에서 국제적 힘의 작용을 읽어내는 힘을 기를 수 있을 것이다.

『1인분 인생』
우석훈 글 | 상상너머

이 책의 부제목에는 "진짜 나답게 살기 위한 방법"이라는 말이 들어가 있다. 그런데 철학적인 화두에서부터 출발하지 않는다. 우리가 쉽게 겪을 수 있는 일상에서부터 출발한다. 대신 사소하게 넘길 수 있는 것을 붙잡고 끈질기게 물고 늘어져 답을 얻고야 만다. 마치 탐정처럼.

그런데 작가는 멋진 탐정이기보다는 약간 찌질하다. 용돈을 타기 위해 아내에게 절절매고, 유명한 작가이자 강연자이지만 서점에서 갖고 싶은 책을 실컷 사 보지 못하고, 몇 년째 추리닝과 티셔츠로 버티는 가난한 생활인이다. 그런데 결코 초라하거나 불안해 보이지 않는다. 그 이유는 책 곳곳에 있는 저자 나름의 답에서 찾을 수 있다. 결심보다 실행이라는 교훈을 발견하는 것도 중요하지만 작가의 꼼꼼하면서도 유머를 잃지 않는 사고방식을 통해 세상을 읽어 나가기를 권하고 싶다.

『정확한 사랑의 실험』
신형철 글 | 마음산책

이 책은 영화 이야기를 담은 일종의 평론서이다. 저자인 신형철을 두고 〈올드 보이〉로 국내외적으로 유명해진 박찬욱 감독은 다음과 같이 말했다.

"내가 관계한 〈스토커〉와 〈설국열차〉를 다룬 글을 읽으면서, 내가 비평가가 되어 그 영화들을 보고 글을 썼다면—그리고 피나는 노력으로 능력의 최대치에 도달했다면—꼭 이렇게 썼겠다고 생각했다. 내 머릿속에 들어갔다 나온 듯이 표현해 놓은 대목과 맞닥뜨릴 때면 좀 무섭기까지 했다."

탐정이라면 사건 당사자들의 머릿속을 완벽하게 분석해 내는 능력이 있다는 뜻이다. 신형철의 공식적 직업은 탐정이 아닌 문학평론가이다. 그는 어두운 극장에서 메모를 하고 같은 영화를 대여섯 번 반복해서 보며 분석을 한다. 왜 좋은 영화인지, 왜 좋은 이야기인지를 찾는 것이다. 그 결과만 보는 것이 아니라 그렇게 말할 수 있도록 생각을 펼쳐 나가는 과정을 배우기를 바라며 이 책을 추천한다.

다섯 번째 읽기

해리 포터 vs 피터 팬

작품 비교로 가치를 발견하는 읽기

"
해리 포터와
피터 팬은
친구가 될 수 있을까?
"

비교하는 책 읽기의 힘

빈익빈^{貧益貧} 부익부^{富益富}라는 말이 있다. 이 말은 독서에도 해당한다. 독서를 하면 할수록 더욱 재미를 느끼게 되고 얻는 교훈도 더 많아지며 더 좋은 가치를 또렷하게 볼 수 있어 책을 더 찾게 된다. 반대로 독서를 많이 하지 않으면 결심을 해서 이를 악물고 책을 읽어도 별 재미를 느낄 수 없고, 교훈이 무엇인지 작품에 어떤 가치가 있는지 주제가 무엇인지 몰라 독서를 더 멀리하게 된다.

만약에 어떤 작품을 볼 때 단순히 그 작품만 생각한다면 독서의 '부익부' 힘을 제대로 활용하지 못하는 것이다. 어떤 작품을 볼 때 자신이 예전에 보았던 독서 경험을 함께 생각하며 새로운 것을 받아들이려 노력해야 더 많은 재미와 교훈, 감동을 얻을 수 있다. 만약 여태까지 본 작품이 많지 않다면, 새로 작품을 선택할 때 일부러 서로 연관되게 계획을 잡는 것이 좋다.

예를 들어 판타지 소설에 관심이 있다고 하자. 톨킨의『반지의 제왕』은 판타지 소설의 고전이다. 그런데『반지의 제왕』은 그가 이전에 쓴 신화 연대기『잃어버린 이야기들의 책』을 쓰면서 영감을 얻은 것으로 알려져 있다. 그러므로 이 소설을 깊이 있게 이해하기 위해서『반지의 제왕』에 가장 큰 영향을 준 북유럽 신화와 기독교 신화에 대한 지식을 넓히는 것이 좋다. 그 이후에는『반지의 제왕』과 연결시켜 판타지 소설들을 읽어 보는 것도 좋다.

미국의 남북 전쟁 즈음이 시대 배경인『작은 아씨들』에는『바람과 함께 사라지다』에 나오는 미국 남부인의 생활 태도와는 확실히 구별되는 북부인의 모습이 나온다. 더 재미있는 것은『바람과 함께 사라지다』에 묘사된 북부인들의 모습과도 다르다는 것이다. 이러한 점을 비교하면서 비판적인 읽기를 한다면 더 깊은 이해를 할 수 있을 뿐만 아니라 많은 재미를 얻을 수 있다.

남부인들 중에는 해리엇 비처 스토가 지은『톰 아저씨의 오두막집』을 놓고, 남부 사회와 노예제를 극도의 정치적 의도로 왜곡한 것이라고 생각하는 사람이 많았다. 실제로『바람과 함께 사라지다』의 장면 중에는 전쟁 전에 남부인들이 모여서 이『톰 아저씨의 오두막집』을 놓고 북부인들이나 유럽인들이 남부 사정을 오해할 것이라며 농담을 하는 장면도 있다. 남북 전쟁 직전 남부와 북부를 감정적으로 안 좋게 했던 『톰 아저씨의 오두막집』을 『바람과 함께 사라지다』와 비교해서 다시 읽어도 좋다.

남부인들은 사실이 아니라고 말했지만, 『바람과 함께 사라지다』에 나온 노예들과 다른 삶을 살았던 톰 아저씨의 삶을 보다 보면 진정 인간의 자유와 평등이 얼마나 소중한지 깨닫게 될 것이다. 여기에 퓰리처상 수상작인 알렉스 헤일리의 『뿌리』에 나오는 남북 전쟁당시의 상황을 자세히 살펴보는 것도 좋다. 자신들이 떠나온 땅인 유럽의 귀족과 같은 삶을 살려고 하는 미국 백인들을 위해 노예들이 어떻게 희생을 당했는지 알게 될 것이다.

이런 식으로 여러 책을 연결지어 본다면 작품을 하나씩 더할 때마다 읽는 재미가 얼마나 달라질 수 있는지를 실제로 경험하게 될 것이다.

그런데 이미 알고 있는 이야기에 대해서도 서로 비교해서 읽으면 다른 것을 발견할 수 있을까? 예를 들어 청소년이 많이 등장하는 『해리 포터』와 『피터 팬』을 비교해서 읽으면 과연 어떤 재미와 교훈을 얻을 수 있을까?

해리 포터의 시대적 성공 요인

『해리 포터』는 작가 조앤 K. 롤링이 써서 전 세계에 4억 5천만 부

이상 팔린 베스트셀러이다. 처음에 이 책은 여러 출판사의 거절을 받아 출간 자체가 힘들었다. 이미 수십 년간 여러 작품을 읽어왔던 편집자의 눈에 『해리 포터』는 여러 신화와 다른 작품의 이야기를 곳곳에 녹여낸 책에 지나지 않았기 때문이다. 하지만 전문가에게는 철저히 무시를 당했던 이 책이 어떻게 세계적 열풍을 만들고 영화도 줄곧 성공해서 저작권 수입만으로도 조앤 롤링이 영국 여왕보다 더 큰 부자가 되게 한 것일까? 탐정식 책 읽기를 통해 이야기 속에서 그 요소를 찾아보자.

해리 포터는 소위 말하는 인기를 끌 만한 꽃미남은 아니다. 작고 마른 체구에 갸름한 얼굴을 한 해리 포터의 이마에는 번개 모양의 흉터가 있는 것이 특징이라면 특징이지만, 그나마 머리로 가리고 다녀 헐렁한 헌옷에 한심해 보이는 뿔테 안경이 먼저 눈에 띈다. 해리 포터는 성장 소설의 주인공들이 대부분 그렇듯이 불우하다. 부모는 죽고 없고 자신이 마법사라는 사실도 모른 채 이모부네 집에 맡겨져 학대와 모욕을 당하며 계단 밑 벽장에서 살아간다. 그러다 열한 번째 생일에 호그와트의 사냥터를 지키는 해그리드의 설명을 듣고 그를 따라 호그와트라는 마법 학교에 입학하게 된다. 거기에서 다양한 마법을 배우고 친구들을 사귀며 새로운 삶을 살기 시작한다. 마법 학교에 입학하기 전과 가장 큰 차이는 예전에는 존재감이 없던 해리 포터였지만 어디를 가나 "네가 바로 그 유명한 해리 포터냐?"라고 묻거나 특별하게 보는 사람이 있다는 것이었다.

잠깐, 이 부분이 눈길을 잡는다. 특별함과 명성이 함께한다? 어디를 가도 마치 유명인처럼 주목을 받고 싶은 사람이라면 눈이 번쩍 뜨일 장면이다. 다른 사람이 자신의 숨겨진 능력을 몰라줘서 안타까웠던 사람이라면 감정이입이 되어 통쾌할 만한 부분이다. 예전의 성장 소설 이야기는 주인공이 열심히 노력해서 유명한 위치에 올라 인정을 받아야 했다. 하지만 해리 포터의 이야기는 반대이다. 이미 유명한 위치에 올라 있는 것으로 본격적인 이야기가 시작된다. 중요한 것은 주인공에게 특별한 능력이 있다는 것이다. 본인도 모르는 그 능력에 대한 증명도 아직 한 것이 아니라, 볼드모트가 예언의 마법사로 지목한 것이 전부이기는 하지만 말이다. 중요한 것은 평범한 독자가 감정이입하는 주인공이 아주 특별한 능력을 갖고 있고 유명하다는 것이다. 즉 최종적으로 얻고 싶은 것은 일단 마법처럼 주어진 상태에서 주인공이 그 이름값을 하기 위해 노력하는 방향으로 이야기가 진행된다. 이것이 뭐 대단한 차이냐고 할 수 있다. 그러나 『해리 포터』가 수십 년 전에 나왔다면 지금처럼 전 세계적으로 유명하기 힘들었을 이유가 바로 여기에 있다.

평범한 삶을 살다가도 액션 영화의 영웅처럼 힘을 발휘하거나 세상의 중심에서 살고 싶은 사람은 예전에도 있었다. 하지만 미국의 할리우드 문화가 전 세계에 퍼지면서 그 비율이 눈에 띄게 높아졌다는 것이 문제이다. SNS를 보면 어떻게 해서든 자신에게 관심이 쏟아지도록 안간힘을 쓰는 사람을 쉽게 찾을 수 있고, 마치 세상의 중심이 자신인 것처럼 여겨서 소위 말하는 '슈퍼 갑질'로 비행기를 돌리거나, 폭행을 일삼고도 뭘 잘못했느냐고 오히려 당당한 사람이 늘었다. 사람들은 차별적인 위치를 차지할 수 있는 '유명함'에 목을 매고 유명해지기 위해 노력한다. 그리고 스스로가 유명하다고 여기면 그 위치를 맘껏 누리려 한다. 이런 현상은 예전에는 없던 것이었다. 과거의 유명인들은 그 위치에 맞는 의무를 더 생각했지 권리를 먼저 생각하지는 않았다.

미국의 유명한 사회 심리학자인 진 트웬지와 키스 캠벨이 쓴 『나는 왜 나를 사랑하는가』에서는 나르시시즘이 전 세계를 강타하고, 신종 인플루엔자보다 더 강력한 전염성으로 개인과 사회의 생명력을 뺏을 것이라는 주장을 하고 있다. 물론 나르시시즘은 바이러스가 아니라 마음의 병이다.

나르시시즘 narcissism은 그리스 신화의 나르키소스 Narcissos에서 유래했다. 나르키소스는 아주 잘생긴 목동으로 여러 요정들의 사랑을 받았다. 하지만 그는 아무도 사랑하지 않았다. 그러던 어느 날 나르키소스는 물속에 비친 자신의 모습을 보게 되었다. 세상에서 처음 보는 아름다운 얼굴에 반한 그는 물에 비친 모습이 자신이라고는 생각하지 못 하고 깊은 사랑에 빠졌다. 그리고 그 모습을 따라 물속으로 들어가 끝내 숨을 거두고 말았다. 나중에 그 자리에서 꽃이 피어났는데, 그것이 바로 그의 이름을 딴 수선화 narcissus이다.

나르시시즘에 빠진 사람을 뜻하는 나르시시스트 narcissist는 자기 자신으로 가득 차 있는 사람이다. 고집이 세고, 자신을 전설적인 인물이나 되는 것처럼 생각하고, 자신만을 사랑한다. 그런데 대부분의 경우 나르시시스트는 단지 자신감이 있는 정도가 아니라 과할 정도로 자신감에 넘친다. 한마디로 말하자면, 나르시시스트는 자신을 너무 사랑한다.

부부나 애인 사이의 정서적 유대감이 떨어지고 별거와 이별이 증가하게 된 현상. 부모가 '내 아이는 특별하다'고 더 많이 생각하게 된 현상. 젊은이들뿐만 아니라 거의 전 연령대에서 SNS의 자기 이미지에 집착하게 된 현상. 학생들 사이에서 폭력이 더 심각해지고 그런 폭력 장면을 자랑스럽게 인터넷에 올려 관심을 끌려는 현상. 이 모든 것이 나르시시즘과 관련이 있다. 그리고 놀랍게도 이것은 거의 전 세계에서 공통적으로 나타나는 현상이다. 마치 전염병이 빠른 속도로 전파되는 것처럼 말이다.

진 트웬지와 키스 캠벨 박사는 나르시시즘이 우리가 이미 발을 담그고 있는 새로운 현실임을 지적한다. 자신이 원하는 학점을 줄 때까지 교수 사무실에 죽치고 앉아 말싸움을 하는 학생과 자식의 직장에 찾아오는 부모 혹은 부모에게 당당히 그것을 요구하는 자식, 빚을 지고서라도 명품을 사는 사람들, 유명인이 된 기분을 즐기기 위해 성대한 파티를 열려는 사람 등의 이야기를 예로 들고 있다. 이것은 모두 나르시시즘, 즉 자기에 대한 과도한 사랑에 빠져 자신의 욕구 충족에 집중하느라 사회 규범이나 자기 현실을 고려하지 않아 생긴 문제이다.

나르시시스트는 세상의 중심이 자기라고 생각해서 다른 사람에게 자신의 권리를 당차게 요구한다. 다른 사람들이 자신을 비판해도 "나는 너희들의 말에 신경 안 써. 왜? 나는 너희보다 더 소중하니까" 내지는 "남의 일에 신경 꺼"라는 식으로 반응한다.

자기애적 성격 검사(NPI) 항목 중에는 '나는 내가 특별한 사람이라고 생각한다'가 있다. 자신을 특별하다고 생각하는 것은 나르시시즘의 가장 큰 특징 중 하나이다. 나르시시스트는 자신이 특별하다는 생각 때문에 새치기를 해도 되고, 공짜로 무언가를 얻어도 되며, 다른 사람을 열등한 존재로 취급해도 된다고 믿는다. 그래서 남의 기회를 당당히 빼앗는다. 자기 자신에게만 집중하다보니 공격성이 극대화된다. 그래서 자신의 편익을 위해 다른 사람을 손쉽게 짓밟을 수 있다. 집단 따돌림을 시키거나 물리적 폭력을 가한다. 자신은 그래도 될 권리가 있는 것처럼 생각해서 인터넷에 자랑스럽게 동영상을 올린다. 졸업식 알몸 동영상이나 집단 패싸움, 심지어 교사 폭행 동영상까지 자신의 특별함을 드러낼 수 있는 기회라고 생각하고 인터넷에 올리거나 주변에 자랑한다. 그것을 본 다른 사람이 사회 규범을 언급하며 비판하지만 사건을 일으킨 당사자는 왜 자기를 욕하는지를 진심으로 이해하지 못 한다. 나르시시스트에게는 그 모든 것이 자랑스러운 자신을 드러내는 방법이기 때문이다. 멋지다거나 부럽다는 말은 못할망정 비판을 하다니 모두 감각이 한참 뒤처져 있거나 자기들이 누리지 못해서 어깃장을 놓는 것이라고 생각할 뿐이다.

나르시시스트는 이런 공격적인 자신의 행동에 사람들이 반대를 하면 더욱 폭력적으로 변한다. 자신의 주장이 관철되도록 아이처럼 떼를 쓰거나 언어폭력과 무력을 행사하기도 한다. 특히 범죄를 저지른 사람은 잘못을 인정하기보다는 이런 상황이 벌어지게 한 사회에 문제가 있다고 말한다. 자신은 억울하다며 분통을 터뜨리는 부패 연루자나 각종 사기 사건의 피의자의 뉴스 인터뷰를 심심치 않게 듣게 될 정도로 나르시시즘적인 성향이 강한 사람들이 범죄를 저질러 사회에 끼치는 악영향은 크다.

해리 포터가 나르시시스트라는 말이 아니다. 혹은 『해리 포터』 이야기에 열광한 독자들이 나르시시스트라는 말도 아니다. 세상에 나르시시즘이 많이 퍼지다보니 그만큼 익숙해져서 나르시시즘에 대한 허용을 많이 하게 되고, 나르시시즘에서 중요시하는 '특별함'이나 '유명'에 대해서 예전 세대보다 더 많은 관심을 갖게 된 것이 영향을 미쳤을 가능성에 대해 말하고 싶은 것이다. 오히려 해리 포터는 나르시시스트와는 다른 행동을 선택했다. 어떻게 보면 그보다 예전 시대에 나온 피터 팬이 훨씬 나르시시스트에 가깝다. 어떻게 이렇게 된 것인지 『피터 팬』의 이야기와 비교해 보며 생각해 보자. 그러면 『피터 팬』 이야기와 『해리 포터』 이야기의 가치가 더 잘 보일 것이다.

피터 팬이 많은 시대

2010년 6월 12일, 미국의 대표적인 잡지인 《뉴욕타임스》는 피터 팬 신드롬에 대한 기사를 내놓았다. 과거에는 자립성을 강조한 교육 덕분에 미국 청년들이 20대가 넘으면 당연히 부모로부터 독립을 했지만, 이제는 부모와 함께 사는 20대와 30대가 많아졌다는 내용이었다. 한국의 상황도 이와 별반 다르지 않다. 귀엽고 예쁜 아이들과 평생을 함께 살면 좋겠지만, 막상 자식들이 나이 들어서도 집에서 빈둥거리는 것을 평생 보고 싶어 하는 부모는 솔직히 많지 않을 것이다. 자식이 실업자가 아니어도 마찬가지다. 자신의 몫을 다해서 사회적으로 인정을 받고 당당하게 사는 모습을 그렇지 않은 경우보다 더 선호할 것이다.

『피터 팬』은 원래 제임스 매슈 배리의 성인 소설 『작고 하얀 새』에 나오는 이야기이다. 이 소설에 담긴 '피터 팬'의 이야기가 크리스마스 아동극으로 만들어지면서 연극으로 상연되었다. 이후에 작가는 연극으로 공연한 희곡을 다시 소설로 썼다. 그것이 바로 현재 우리가 알고 있는 『피터 팬』인 『피터와 웬디Peter and Wendy』이다. 이런 다소 복잡한 과정을 거치면서 이야기가 구성되었기 때문에 원전은 생각보다 분량이 많은 편이다. 그 내용을 간단히 요약하면서 설명하자면 다음과 같다.

영국의 런던. 어느 날 밤, 잠자고 있던 아이들의 침실 창을 통해 피터 팬이 날아들어 온다. 그 집에 살고 있던 웬디와 존, 마이클은 자신의 방에서 피터 팬의 발자국을 발견한다. 피터는 웬디의 보모 개인 나나에게 빼앗긴 그림자를 찾으러 왔다가 그만 달링 부부의 세 아이들에게 들킨 것이다. 아이들은 하늘을 날 수 있는 피터 팬을 부러워한다. 그리고 영원히 어른이 되지 않는 아이들만 있다는 네버랜드의 이야기를 듣자 곧장 가고 싶어 한다. 피터 팬은 아이들에게 하늘을 나는 방법을 가르쳐 준다.

피터 팬과 아이들은 밤하늘을 날아 네버랜드에 찾아온다. 웬디는 네버랜드에서 유일한 여자이다. 아이들은 웬디를 마치 엄마처럼 따른다. 웬디도 자신의 엄마가 했던 것처럼 행동한다. 이에 비해 피터 팬은 네버랜드의 최고 지도자로서 마치 아버지와 같은 위치에 있는 인물임에도 아이다운 행동을 한다. 사실 피터 팬은 아이들의 엄마가 되어 줄 사람을 구하러 웬디의 방에 들어간 것이다. 그러니 피터 팬은 자신의 목적을 달성한 셈이었다. 하지만 웬디는 이와 상관없이 네버랜드의 생활을 만족스러워 한다. 명랑하고 순수한 아이들만 있는 세상에서 신기한 모험을 하니 행복했다.

사실 네버랜드에는 어린아이만 있는 것은 아니었다. 해적 선장 후크와 그의 일당도 있었다. 그리고 해적이든 아이든 가리지 않고 먹어치우는 시계를 삼킨 무시무시한 악어와, 역시 해적과 아이를 가리지 않고 머리 가죽을 벗기는 인디언도 살고 있었다. 동화이기는 하지만 살벌하기로 말하면 현대의 각박한 세상만큼이나 살벌한 상황이 아닐 수 없다. 이런 상황에서 후크는 호시탐탐 피터 팬과 아이들을 노린다. 그러나 매번 피터 팬은 독특한 재치와 능력으로 마치 장난을 치듯이 후크의 공격을 물리친다. 그러던 중 피터 팬은 적이었던 인디언 추장의 딸을 구해 주게 된다. 덕분에 피터 팬은 든든한 동지를 얻게 된다. 인디언들은 피터 팬과 소년들을 도와 해적과 맞서 싸운다. 하지만 후크 선장의 일당도 만만치 않다.

피터 팬과 싸우다가 왼쪽 팔을 잃은 악당 후크 선장은 복수의 기회를 엿본다. 그러던 중 팅커벨이 피터팬과 웬디의 사이를 질투한다는 것을 알게 된다. 후크 선장은 팅커벨을 꾀어 피터의 본거지를 알아냈다. 그리고 웬디와 피터 팬과 아이들을 사로잡아 자신의 배로 데려간다. 후크 선장은 자기의 부하가 되지 않으면 모두 죽이겠다고 겁을 준다. 하지만 아이들은 이를 거부하고 해적들과 일대 격전을 벌인다. 결국 후크 선장은 싸움에서 지고 피터 팬은 후크의 배를 타고 웬디와 동생들을 다시 런던의 집으로 데려다 준다.

나중에 피터 팬이 다시 웬디를 찾았을 때는 이미 웬디가 자라서 어른이 되어 있었다. 현실에서는 성숙한 어른이 된 것을 자랑스러워하지만, 웬디는 자신의 모습이 이상해졌다는 피터 팬 앞에서 부끄러워하며 고개도 제대로 들지 못한다. 네버랜드로 가자는 말에 웬디는 자신은 더 이상 어린이가 아니라며 거절한다. 마치 죄라도 짓는 것처럼. 피터 팬은 웬디 대신에 웬디의 아이들을 데리고 간다. 예전에 웬디와 그녀의 동생들을 데리고 갔던 것처럼.

　이것이 피터 팬의 이야기이다. 피터 팬은 이야기 전체를 통틀어 마음이 변하지 않는다. 변하는 게 있다면 팅커벨, 웬디, 인디언 등의 주변 인물이다. 피터 팬은 아주 자유롭다. 어떤 때는 아무런 대책도 없이 싸움을 벌인다. 네버랜드의 아이들에 대한 책임감도 어린이스럽다. 물론 아이들의 생명을 지켜 주고, 다른 곳에서 엄마를 구해오지만 장기적인 양육 전략을 세운다든지 교육을 시키거나 하지는 않는다. 그때그때 필요한 것이 있으면 구해서 틀어막는 식이다. 마치 아이들이 찰흙 놀이를 할 때 대충대충 비슷한 형태를 만들어서 때우는 것처럼 말이다. 그렇다. 피터 팬에게는 자신이 원하는 것을 맘껏 누릴 자유는 있지만 그에 따르는 책임 의식은 거의 없다. 자유가 없어질 때 짜증을 내고 반응을 하기는 하지만 미연에 자유를 보장받을 수 있는 현명한 조처를 내리지도 않는다.

　다 아는 이야기겠지만 자유에는 책임이 따른다. 책임 없는 자유는 방종에 가까운 법이다. 하지만 피터 팬은 그것을 억지로 외면하고 있다. 그래서인지 피터 팬은 나이가 들어도 어린이처럼 키가 자라지 않는다. 그리고 마음도 자라지 않는다. 계속 자신과 같은 어린이를 찾아 놀려고만 한다. 그러면서도 자신과 어린이들 모두에게 필요한 사람, 즉 엄마 역할을 해야 하는 사람을 꼭 구하려고 한다. 책임은 자신의 몫이 아니기 때문이다.

피터 팬이라는 환상과 해리 포터라는 현실

『피터 팬』의 작가 제임스 매슈 배리는 키가 150센티미터도 채 안 되었다. 그 키는 배리가 초등학생 때의 키다. 작가 자신이 피터 팬처럼 성장을 하지 못한 것이다. 왜냐하면 맏형이었던 바로 위의 형이 열두 살이라는 나이에 갑자기 죽은 것에 충격을 받았기 때문이다. 사랑하는 아들을 잃고 우울증에 시달리는 어머니를 위해 배리는 죽은 형의 옷을 입고 형을 흉내 내며 살았다. 작가 자신이 영원히 소년의 모습으로 기억될 수밖에 없는 죽은 형을 대신해서 살아야 했으니, 피터 팬의 마음을 가장 잘 묘사할 수밖에 없었을 것이다.

그런데 이런 작가의 인생과 피터 팬의 생활 태도를 심리학적으로 보면 문제가 있다. 우리는 저마다 다른 자아를 갖고 있고, 또 그 자아실현을 하기 위해 산다. 자신을 버리고 형 대신 살거나 다른 누군가를 위해서 사는 것은 성숙한 자아를 가진 사람의 자세가 아니다. 그래서 『피터 팬』을 읽는 독자는 신나는 모험 이야기를 통해 자신의 욕구를 분출하는 듯한 대리만족을 얻을 수는 있지만 삶에 도움이 되는 교훈을 얻기는 힘들다. 굳이 찾는다면 피터 팬처럼 살면 영원히 천진난만한 기쁨을 느낄 수는 있지만, 웬디처럼 어른이 되고 자손을 낳는 등 행복을 찾지는 못하고 계속 다른 존재를 기웃거릴 수밖에 없다는 정도이다. 피터 팬은 어른이 된 웬디를 가여워하지만 정작 네버랜드에서의 삶에 부족함을 느끼고 계속 세상을 떠도는 것은 바로 피터 팬 자신이다.

이에 비해 해리 포터는 현실과 계속 부딪히며 성장을 한다. 자신이 믿었던 선생님이나 여러 사람이 사실은 악당이었다는 것을 깨닫는가 하면, 1년에 한 번씩 학교에 돌아올 때마다 왕따를 시키려는 애들에게 생명의 위기에 처하는 불행을 겪는다. 심지어 영웅이 되기는커녕 자신의 피로 부활한 살인마가 눈앞에서 친한 사람들을 죽이는 것을 지켜봐야 했고, 이상형으로 생각했던, 자기가 쏙 빼어 닮았다는 것을 자랑으로 여겼던 아버지조차 그렇게 훌륭한 사람인 것만은 아니었음을 알게 되었다. 즉 남에게 듣거나 자기가 생각했던 것만큼 세상의 중심이 자신 쪽은 아니었던 것이다. 하지만 해리 포터는 반사회적인 일을 벌이는 것으로 자기의 존재감을 세상에 알리는 일은 하지 않았다. 오히려 자기를 희생하면서까지 자신의 가치를 다하려고 했다. 자기 가치를 보이기 위해 다른 사람을 희생하려고 했던 피터 팬과는 달랐다.

어떻게 보면 『피터 팬』이 나왔던 시대의 사람들은 다른 사람을 위한 희생이 너무 당연시되던 분위기에서 살아야 했기에 피터 팬에게서 가슴이 시원해지는 카타르시스를 경험했던 것일 수 있다. 반대로 『해리 포터』를 읽는 시대의 사람들은 저마다 자기를 위해 다른 사람을 희생시키는 분위기에서 살아야 하니 현명하게 처신해서 성공과 유명세를 지키고, 심지어 자신을 괴롭힌 두들리, 말포이와도 화해를 하며 친화력을 발휘하는 인물에게서 희망을 발견했을 수 있다. 영화에서는 해리 포터가 다른 사람의 도움을 많이 받는 것으로 나오는데, 원작 소설을 보면 해리 포터가 스스로 중심이 되어 헤쳐나가는 것을 알 수 있다. 그렇게 독보적인 능력을 갖고 있으면서도 겸손할 수 있고, 그러면서도 특별함을 유지할 수 있는 사람이야말로 이 시대의 이상형이지 않을까? 현실적으로 자기 욕심을 막 밀어붙이는 피터 팬으로서는 그럭저럭 성공할 수는 있지만 성장하기는 어렵다. 다른 사람을 살피는 해리 포터가 되어야 성장할 수 있고 성공할 수 있지 않을까?

그래도 섣불리 해리 포터처럼 행동하기는 힘들다. 그래서 차라리 피터 팬으로 머물려고 한다. 심리적으로 아이의 입장에서 보면 어른이 되면 좋은 면도 있지만 신경 쓸 것도 많아서 두렵게 느껴진다. 어른이 되면 맘대로 행동할 것 같아 어른이 되고 싶지만 정작 어른이 되면 만만치 않은 일들을 해야 하는 것을 잘 알고 있다. 어떤 때 보면 돈 걱정, 승진 걱정, 실패에 대한 두려움, 부모에 대한 봉양 걱정, 아이들을 키우는 걱정, 사회적 역할에 대한 부담감 등으로 어깨가 무겁다. 아이들은 그래서 부담 없이 마음대로 할 수 있는 상태를 한없이 즐기는 피터 팬을 동경한다. 그것이 불가능하다는 것을 알면서도 말이다.

그러나 성숙이라는 것은 자유에 대한 동경만큼이나 책임에 대한 도전 의식을 가져야 이룰 수 있다. 해리 포터처럼 말이다. 그저 자유만 즐기려는 아이는 자기중심적인 이기적인 사람으로 커서 주변 사람에게 짐이 되거나 상처를 주기 쉽다. 마치 피터 팬처럼. 피터 팬은 팅커벨의 짝사랑을 이해하지 못한다. 그리고 인디언 추장의 딸의 사랑도 이해하지 못한다. 가장 가까웠던 웬디의 사랑도 이해하지 못한다.

피터 팬의 순진무구함 때문에 많은 사람들이 피터 팬을 사랑하지만 정작 피터 팬은 바로 그 어린아이 같은 마음 때문에 다른 사람을 살피지 못한다. 그저 신나게 놀 것만 찾는다. 그래서 후크 선장과 대결할 때가 주변 사람과 애정 어린 말을 나눌 때보다 더 반갑다. 자기중심적이다 보니 놀이를 하다가도 싫증이 나면 금방 그만둔다. 그리고 전체가 자신을 따르도록 한다. 이런 아이는 만약 포용적인 리더가 경쟁자로 나온다면 리더십을 잃게 될 것이다. 어쩌면 조직에서 내쫓길지도 모른다. 다행히 네버랜드에는 경쟁자가 없었지만 현실에서 자라는 아이들에게는 엄청나게 많은 경쟁자가 있다. 피터 팬처럼 자기중심적으로 자유를 추구하며 살면 경쟁에 밀려 생존 자체를 하지 못할 수 있다.

이에 비해 자유와 책임을 함께 추구하는 해리 포터와 같은 아이는 바람직한 성품을 가진 능력 있는 사람으로 주변 사람에게 인정을 받게 된다. 즉 책임은 피하면 피할수록 좋은 부담이 아니라, 행복을 얻을 수 있는 길이기도 하다. 자유와 책임을 함께 추구하는 것의 성과는 개인적 행복에서 멈추지 않는다. 사람들의 인정을 바탕으로 리더의 자리에 오르고, 그 자리에서 오랫동안 존경을 받을 수 있다. 아이들의 요구에 의해 네버랜드를 떠나 뭔가를 구해 와야 하는 피터 팬과는 다르게 사람들의 요구를 미리 살피고, 다른 조직과도 평화적인 교류를 통해 원하는 것을 얻는 지혜를 갖출 수도 있다. 이 점을 『피터 팬』과 『해리 포터』를 비교해서 읽으며 꼭 비판적으로 이야기해야 한다.

　피터 팬이 계속 아이로서 행복할 수 있었던 것은 네버랜드가 다른 세상과 교류를 하지 않는 곳이었기 때문이다. 자신이 원할 때 세상 밖으로 나올 수 있지만 현실은 그렇지 않다. 평소에는 친구에게 연락 한 번 하지 않다가 갑자기 여유가 생겼다며 혹은 필요한 것이 있다며 연락하는 사람을 다른 사람들이 어떻게 받아들일지는 뻔하다. 현실은 계속 뭔가를 주고받는 관계로 되어 있다. 아이처럼 일방적으로 요구만 하거나 자기 마음대로 할 수 있는 것이 아니다. 그럼에도 불구하고 『피터 팬』이 인기가 있는 것은 어른조차 가끔은 그 모든 관계의 복잡함이나 세상의 힘겨움을 잊고 마음대로 행동하는 상황을 꿈꾸고 있기 때문이다. 환상 속에서 억압된 욕망을 분출하는 것은 나쁘지 않다. 현실에서 그럴 수 없다는 것만 잘 인식하고 있다면 말이다.

『해리 포터』와 『피터 팬』의 공통된 독후행

나르시시즘이 개인의 삶과 사회를 망치고 있다면 어떤 심리적 처방을 내릴 수 있을까? 나르시시즘은 자신만을 사랑하는 것이다. 그러나 나르시시즘을 고친다며 자신을 사랑하지 않게 한다면 자기혐오나 자살 등의 또 다른 문제가 생길 수 있다. 그러니 사랑을 하되 올바르게 사랑하도록 해야 한다. 올바른 자기 사랑의 방법 중에는 놀랍게도 남을 더 생각하는 것이 있다. 왜냐하면 인간은 사회적 동물이기 때문에 주변 사람들의 인정을 받는 것으로 자신에 대한 사랑을 키울 수 있기 때문이다. 자기 혼자 사랑하는 것보다 다른 사람까지 사랑해 주는 사랑의 총량이 클 수밖에 없다.

사랑의 총량을 키우는 방법은 겸손이다. 잘난 척을 하기보다는 겸손한 것이 다른 사람에게 인정을 받는 지름길임을 인식해야 한다. 그렇게 하기 위해 특정 상황을 놓고 입장을 바꿔 생각하기를 해도 좋다. 예를 들어 공동 과제를 발표할 때 자신의 참여 정도를 다른 사람이 말하도록 하는 것이다. 그러면 모든 것을 자기가 한 것처럼 말할 때보다 다른 사람의 공헌점을 거론하며 자신의 몫은 줄이는 발표자에게 더 호감이 간다는 것을 직접 확인할 수 있을 것이다.

다른 방법은 다른 사람과의 공통점을 찾는 것이다. 슬픈 일이 있을 때나 기쁜 일이 있을 때나 다른 사람과의 공통점을 찾는다면 자신만 특별하다는 생각을 하지 않게 된다. 폭력을 쓰고 싶을 때도 피해자와 자신과의 공통점이 눈에 많이 들어온다면 마치 자신을 때리는 것 같아서 포기하게 될 것이다. 나르시시즘은 자기만 보는 병이다. 다른 사람이 눈에 보이면 그만큼 나르시시즘에서 멀어지고, 우정이나 사랑 등의 연대감이 강해질 수 있다.

앞의 두 가지 방법은 현대 교육에 포함되어 있기는 하지만 적극적으로 가르치는 바는 아니다. 그저 좋은 도덕적 가치나 대의명분이라고 생각을 하는 경우가 많다. 그러나 이 덕목만큼 심리적 병에 대한 면역력을 키우면서 사회적으로도 인정받는 능력을 갖추는 데 더 효과적인 것이 없다.

피터 팬은 어른이 되는 것이 두렵다. 책임을 지는 것이 두렵다. 그런데 이것은 어른도 마찬가지다. 어른이 되는 것처럼 새로운 변화 앞에서는 누구나 불안하다. 중요한 것은 그 불안을 어떻게 대처하느냐에 따라 결과가 달라진다는 것이다. 이렇게 불안에 대처하는 것을 심리학에서는 '방어 기제'라고 한다. 방어 기제에는 성숙한 방어 기제가 있고 미성숙한 방어 기제가 있다.

성숙한 방어 기제를 갖고 있는 사람은 자아의 힘이 강해서 힘든 상황이나 당황스러운 일을 당해도 유머를 구사하며 넘긴다. 혹은 욕망을 무조건 억압하는 것이 아니라 다른 방향으로 승화시킨다. 예를 들어 자꾸 분노가 치밀어 오르면 격투기와 같은 격한 운동을 해서 심신을 단련하거나 아예 정반대의 예술을 하는 식으로 자신에게 도움이 되도록 감정을 전환시킨다.

피터 팬은 어른이 되는 것이 두려워 무조건 피할 것이 아니라 이렇게 좀 더 성숙한 방어 기제를 쓸 수도 있었다. 혹은 웬디처럼 다른 사람에게 도움이 되는 행동을 할 수도 있었다. 내가 누군가의 멋진 연인이 되고 싶은 욕망이 강하다면 자기 자신을 꾸미는 것보다 애인을 멋지게 꾸며 만족을 추구할 수도 있다. 내 욕구 충족은 나중으로 미뤄지는 듯하지만 그것이 궁극적으로 자신과 상대방의 관계를 깊게 하는 지름길이 될 수 있기 때문이다. 성숙한 자아를 가진 사람은 이렇게 심도 있는 방어 기제를 사용한다.

이에 비해 미성숙한 방어 기제를 쓰는 사람도 있다. 세상에는 미성숙한 방어 기제를 쓰는 사람이 더 많음은 물론, 그 종류도 다양하다. 첫째, 행동화acting-out이다. 미성숙한 사람은 그저 아이처럼 즉각적인 보상을 바라며 행동한다. 예를 들어 새로운 상품이 나오면 빨리 손에 넣고 싶어 안달을 한다. 또 만약 누군가가 마음에 들면 바로 육체적 관계를 가지려 한다. 바로 좋아한다고 말하기 위해 귀찮게 쫓아다니고, 왜 나를 좋아하지 않느냐고 떼를 쓰기도 한다.

둘째, 회피 isolation 전략이다. 문제가 생기면 자신을 괴롭히는 현실로부터 무조건 도피하는 것이다. 서운한 게 있어도 '참고 넘기지'라고 생각하면서 피하는 것이지만, 사실은 진실로 착하고 넓은 마음으로 피하는 것이 아니라 자신의 감정을 어떻게 표현해야 할지 몰라서 피하는 것이다. 이렇게 피하기만 하다 보면 계속 비슷한 문제가 발생한다. 피터 팬의 네버랜드처럼 말이다. 이 전략은 무의식적으로 실행되기 때문에 자신도 잘 알지 못한다. 지금 내 앞에 있는 도전이 힘들더라도 극복하겠다는 생각보다는 복잡하고 겁나니까 일단 피하고 보자는 것이다. 그러면서 성장을 하지 않고 계속 어린 아이로 남아 있게 된다. 나이가 들어도 잘 지내다가 좀 문제가 생기면 어린아이와 같은 행동을 하는 사람이 있는 것도 회피의 방어 기제를 쓰기 때문이다. 미성숙한 자아를 인정하는 순간 성숙한 방어 기제를 갖춰 좀 더 지혜로운 인간으로 성장할 수 있다.

셋째, 부정denial이다. 부정은 그 일 자체가 없다고 생각하는 것이다. 예를 들어 친구가 "너는 사실 예전부터 나에게 함부로 했어"라며 여러 일화를 들면 "절대로 그런 일이 있었을 리가 없어!"라고 반응하는 사람이 있다. 피터 팬의 경우 팅커벨이 옛날이야기를 하면 자신은 기억이 나지 않는다고 했다. 심지어 피터 팬은 네버랜드에 사는 주변 사람들의 이름까지 까먹었다. 부정을 하는 것이 생활화되어 잊어버리기 때문이다.

당연한 말이지만 성숙한 방어 기제를 쓰는 사람은 어른이, 미성숙한 방어 기제를 쓰는 사람은 나이와 상관없이 아이가 된다. 그리고 주변 사람들에게도 성숙한 정도에 따라 대접을 받게 된다. 그러니 내가 피터 팬에 가까운지 해리 포터에 더 가까운지 생각해야 한다. 피터 팬의 자아 방어 기제를 사용하고 있는지 해리 포터처럼 도전을 하고 있는지 확인해야 한다.

피터 팬이나 해리 포터나 모두 판타지 세상에서 살고 있는 인물이다. 하지만 행동 방식이 달라서 전혀 다른 결과를 얻었다. 우리는 모두 현실 속에서 살고 있지만 행동 방식에 따라 서로 다른 결과를 얻고 있음을 잊지 말아야 한다. 특별해지고 싶고 유명해지고 싶다면 현실적으로 더 노력할 수밖에 없다. 그 길이 멀고 험해도 포기해서는 안 된다. 다른 방법은 없다. 조금씩 나아지는 수밖에 없다. 심지어 마법을 쓸 줄 알았던 판타지 세상 속 해리 포터도 그랬으니 말이다.

보리 오빠와 함께 읽기
독후행 처방전

비교하며 읽으면 좋은 책

논픽션을 보면 학자나 작가의 입장에 따라 관점이 명확하게 구별되어 있다. 제목에서부터 자신이 다루고 있는 주제에 대해서 긍정적인지 부정적인지를 쉽게 알 수 있다. 그래서 비교하기도 쉽다. 하지만 픽션에서는 작품을 꼼꼼히 읽지 않으면 비교하기가 쉽지 않다. 그래도 비교하며 읽었을 때 자기만 누릴 수 있는 독특한 감동과 교훈을 생각하면 소설에 도전하는 것이 더 매력적일 것이다. 그때 도움이 될 대표적인 작품을 아래와 같이 추천해 본다.

『완득이』 vs 『19세』

청소년기에 관심이 가는 책 중에 하나가 성장 소설이다. 그런데 청소년이 주인공이라고 해서 모두 좋은 성장을 보여 주는 것은 아니다. 그 이야기를 해피엔딩으로 마무리해도 말이다. 『완득이』와 『19세』를 마치 『해리 포터』와 『피터 팬』을 비교하며 읽었던 것처럼 읽는다면 진정한 성장이 무엇인지 알 수 있을 것이다.

김려령의 소설 『완득이』의 주인공 완득이에게는 난쟁이 아버지와 베트남 출신 어머니, 가난한 환경 등 힘든 것 투성이다. 완득이는 또래 청소년이 그렇듯이 좌절하고 반항한다. 그런데 똥주 선생님이 그의 성장을 계속 도와준다. 주인공이 고민을 할 때 주변 상황과 어른들의 행동이 변하는 것은 현실이라기보다는 판타지에 더 가깝다. 이 책을 꼼꼼히 읽지 않으면 이 판타지에 빠져 진정한 성장의 길을 잃어버릴 수 있다. 고민에서 멈추는 것이 아니라 더 적극적으로 삶에 뛰어들어야만 변화를 만들 수 있다는 것 말이다.

　이순원의 『19세』는 주인공 정수가 열세 살에서 열아홉 살에 걸쳐, 말 그대로 청소년기를 관통하며 일어나는 일을 서술한 이야기이다. 정수에게는 마치 운명과도 같은 형이 있다. 우수한 성적으로 항상 일등을 거머쥐며 서울대에 진학해 자신과 비교 대상이 되는 모범생 형은 축복이라기보다는 저주이다. 정수는 일찌감치 공부가 아닌 다른 것에 두각을 나타낸다. 여자와 돈. 형과 비교되는 것도 싫고 그저 빨리 어른이 되고 싶은 정수는 어른이 되기 위해 갖춰야 하는 것은 경제권이라고 생각하고 돈을 벌기 위해 상고에 진학한다. 그러다 형과 마찰을 일으켜 가출을 하게 된다. 완득이처럼 욕을 잘하고 시원시원하게 일을 저지르는 정수이지만 주인공이 고민을 하면 주변이 도와주는 『완득이』와는 이야기의 진행이 사뭇 다르다.

이 책은 사실 단순한 청소년 성장 소설이 아니다. 주인공이 청소년이기는 하지만 소설에서 나온 것처럼 한 아이의 아버지가 된 화자가 나중에 청소년 시절을 되돌아보며 하는 이야기로 되어 있기 때문이다. 수십년 전의 이야기이고 출간된 지도 십 년이 지났지만 예전에도 있었고 지금도 있을 만한 일들과 심리 상태에 대한 묘사가 빼어나다. 참고로 최근에 나온 개정판에는 국내 작가가 쓴 소설임에도 불구하고 각주가 있으니 꼭 각주를 읽기 바란다. 독자가 또 다르게 작품을 읽을 가능성을 열어 두기 위해 쓴 것이니 말이다.

완득이의 반항은 얌전해 보일 정도로 정수는 사고를 친다. 어른들을 현혹시키는 장사로 많은 돈을 벌고 250cc오토바이를 사 친구와 접대부가 나오는 술집을 들락거리기도 한다. 그렇게 자신이 직접 부딪혀 알게 된다. 자신의 행동은 '어른 노릇'이 아니라 '어른 놀이'였다는 것을. 그리고 같은 나이의 다른 아이들이 못 하는 것을 하고 있는 것이 아니라 다른 아이들은 다 하고 있는 것을 자신만 하지 못 하고 있다는 생각을 하면서 진정한 성장의 길을 찾게 된다. 자신의 힘으로 말이다.

그저 빨리 어른의 세계로 뛰어드는 것이나 주변의 도움으로 더 이상 사고를 치지 않게 얌전해지는 것이 성장의 본질은 아니다. 잘못된 선택을 인정하고 스스로 길을 찾는 것이야말로 성장이라는 것을 이 책을 통해서 알게 될 것이다.

『방드르디, 태평양의 끝』 vs 『로빈슨 크루소』

1967년에 미셸 투르니에가 출간한 『방드르디, 태평양의 끝』이 낯선 독자가 있을 것이다. 그리고 1719년에 출간되어 근 3백 년 동안 고전으로 꼽히는 대니얼 디포의 『로빈슨 크루소』가 더 친숙한 독자도 있을 것이다. 사실 두 작품이 가진 이야기의 모태는 같다. 하지만 인식이 완전히 다르다.

『방드르디, 태평양의 끝』은 『로빈슨 크루소』 이야기를 원래 주인공이었던 로빈슨 크루소가 아닌, 금요일을 뜻하는 원주민 방드르디를 주인공으로 내세워 내용 전체를 뒤집어 쓴 책이다. 즉 『로빈슨 크루소』에서 '프라이데이'는 흑인 노예로 로빈슨 크루소의 지시를 받는 수동적 존재이지만, 프랑스 작가인 투르니에의 『방드르디, 태평양의 끝』에서 '방드르디'는 무턱대고 밀어붙이는 로빈슨 크루소와는 다른 지혜를 가진 긍정적 인물로 그려진다.

18세기 영국에서는 산업 혁명과 금융 발전으로 급속한 성장을 이루었다. 해외 식민지 진출도 서두르던 당시 분위기에 맞게 대중도 모험소설을 좋아했다. 덕분에 갑자기 무인도나 신천지, 기괴한 지하 세계 등 미지의 공간에 떨어진 주인공이 살아남기 위해 미개한 원주민이나 사악한 괴물 혹은 동물들과 투쟁을 하고 결국 성공해서 돌아오는 이야기가 유행했다. 그중에 최고로 꼽히는 책이 바로 『로빈슨 크루소』였다. 뒤집어 말하면 당대 유럽인들이 가졌고, 공감했던 욕망들이 『로빈슨 크루소』에 다 녹아 있다고 할 수 있다.

그래서 『로빈슨 크루소』가 출간된 후 2백 년이 지난 1923년 유럽에서 태어난 미셸 투르니에는 다른 시대적 의식을 가지고 이야기를 만들 생각을 하게 되었다. 미셸 투르니에는 『로빈슨 크루소』를 쓴 작가를 포함해서 그 이야기에 흠뻑 빠졌던 사람들에게 "로빈슨 크루소처럼 살면 좋은 거냐?"라는 도전적인 질문을 던지기 위해 작품을 썼다.

『로빈슨 크루소』에서 주인공이었던 로빈슨 크루소는 무인도에 떨어졌음에도 그 나름의 법칙을 따르려 하지 않고 거기에 자신의 영국적인 삶의 방식을 이식시키려 노력했다. 마치 식민지를 건설하던 당대의 유럽 국가들이 그랬듯이 말이다. 그런 로빈슨 크루소는 『방드르디, 태평양의 끝』에서 좌절을 하게 된다. 왜냐하면 방드르디가 오리를 살리겠다며 로빈슨 크루소가 만든 논밭을 망쳐 놓고, 축적을 위해 만든 창고는 담배를 피운다고 하다가 재로 만들어 버리기 때문이다. 로빈슨 크루소가 섬의 유일한 문명인이자 행정관으로서 거드름을 피울 때 방드르디는 그저 웃음이 나올 뿐이었다.

『방드르디, 태평양의 끝』에 나오는 방드르디는 로빈슨 크루소처럼 수동적으로 지시를 받고 자기 표현도 제대로 하지 못하는 그런 인물이 아니었다. 백인인 로빈슨 크루소가 그렇게 보고 억압하고 싶었을 뿐이었다. 방드르디의 삶을 눈여겨본 로빈슨 크루소는 결국 무인도에서는 더 이상 영국식 문화를 고집할 이유가 없으며, 꼭 서구 문명이 행복을 보장해 준다고 할 수는 없음을 깨닫게 된다. 어떤가, 생각만 해도 비교하는 재미가 있지 않은가?

원전의 시점을 바꿔 다시 쓴 책을 읽는 즐거움을 얻은 독자라면 샬럿 브론테의 『제인 에어』를 주인공인 제인이 아닌 로체스터 부인의 시점으로 쓴 『아득한 바다, 사르가소 해 Wide Sargasso Sea』를 읽거나, 로버트 루이스 스티븐슨의 『지킬 박사와 하이드』를 가정부의 시점으로 쓴 발레리 마틴 Valerie Martin 의 『Mary Reilly』를 읽거나, 『신데렐라』 이야기를 쥐의 입장에서 쓴 수산 메도 Susan Meddaugh 의 『Cinderella's Rat』을 읽어도 좋다. 불행히도 모든 책이 한국어로 번역된 것은 아니지만 원래 모태가 되는 책을 한 번 읽은 다음이라면 영어 공부를 병행하는 목적으로 다른 입장에서 쓴 책도 읽어 보기를 권하고 싶다.

여섯
번째
읽기

젊은 베르터의 고통

종합적으로 읽기

"**괴테**는
얼마나 슬픈 젊음을
보낸 것일까?"

고전을 재미있게 읽는 지름길

철학자나 사상가의 저서를 이해하는 좋은 방법은 그의 전기적 사실을 아는 것이다. 공자, 묵자, 장자를 비롯한 고대 중국의 제자백가 사상가를 비롯하여 연암 박지원이나 다산 정약용 같은 학자들의 저작도 저자의 전기적 사실과 함께 이해하면 훨씬 깊이 있는 독서를 할 수 있다. 이는 서양도 마찬가지여서 칸트, 프로이트, 니체 등의 전기적 사실이 그들의 사상을 이해하는 초석이 되는 경우가 많다.

"저의 모든 글은 아버지를 상대로 해서 쓰였습니다. 글 속에서 저는 평소에 직접 아버지의 가슴에다 대고 토로할 수 없는 것만을 토로해 댔지요. 그건 오랫동안에 걸쳐 의도적으로 진행된 아버지와의 결별 과정이었습니다."

이 말은 고전 추천 목록에서 빠지지 않는 『변신』의 작가 프란츠 카프카가 한 말이다. 작가 스스로 말했듯이 독자의 입장에서 어떤 작품들을 보다 깊게 이해하기 위해서는 작가의 생애와 외적 환경, 특히 작가의 창작 과정에 영향을 미친 것에 대해 광범위한 지식을 가지고 있어야 한다.

작품을 작가의 생애라는 문맥 속에서 이해한다면 주제 의식뿐만 아니라 당시의 시대 상황과 역사적 지식 등을 얻을 수 있다. 작가의 정신적, 물질적 조건과 가족 관계, 교우 관계, 연애, 정치 활동 등 작품 형성에 영향을 미친 정보를 이해한다면 결국 작품을 총체적으로 이해할 가능성이 더 높아진다. 문학 이론에서는 이런 식으로 작품을 이해하려는 것을 '역사주의적 비평'이라고 한다. 쉽게 이해하기 위해서는 국어 과목 참고서에 작품의 배경과 작가 소개가 나온 부분을 여러분 스스로 정리한다고 생각하면 된다.

그런데 참고서가 재미있기 힘든 것처럼 여러분의 독서 경험을 더 재미있게 하기 위해서는 그 역사주의적인 비평의 무게 중심을 현대 쪽으로 더 당겨오는 게 좋다. "만약 요즘이라면 이런 작품을 뭐라고 부를 수 있을까?", "요즘 괴테와 같은 고전 작품의 작가가 살아 있어서 글을 쓴다면 뭘 쓸까?"라는 식으로 타임머신을 타고 이동하는 것처럼 생각하는 것이다. 그러면 고전이 오랜 시간 남아 있는 이유도 더 잘 보이게 된다.

우리 삶의 조건을 살피기 위해 여전히 추천되고 있는 고전이 있다. 과거의 입장에서 한 번, 현재의 입장에서 한 번, 그리고 여력이 된다면 미래의 입장에서 또 한 번 그 의미를 생각해 보는 것이 작품의 가치를 제대로 이해할 수 있는 지름길이 된다.

각종 공공 기관에서 추천하는 고전 목록에는 철학서와 시, 소설, 신화 등이 고루 들어가 있다. 그런데 그중에서 여러 목록에 이름을 올린 작가 또는 다른 작품에 큰 영향을 준 독보적 작가가 있다. 만약 그 작가의 작품을 이해할 수 있다면 다른 고전의 가치도 더 잘 깨닫게 될 것이다. 그래서 추천할 수 있는 대표적인 작가가 바로 괴테이다. 괴테의 작품 중에 청소년기에 읽으면 더 좋은 작품은 그의 초기 작품이자 출세작인 『젊은 베르터의 고통』이다.

『젊은 베르터의 고통』은 두 가지 다른 제목으로 국내에 번역되었다. 하나는 『젊은 베르테르의 슬픔』이다. 이것은 '베르테르'라는 이름부터 독일어 발음에 맞지 않는 문제가 있다. 그보다 더 큰 문제는 '슬픔'이라는 단어가 실연의 상처를 강조하여 이 소설이 한낱 애정 소설로만 해석될 가능성을 크게 한다는 점이다. '아니, 작가 자신의 실연의 상처와 당시 비극적 사건을 결합시켜 만든 작품이 애정 소설이 아니라니?' 하고 고개를 갸웃하는 독자가 있을 수도 있다. 이에 대한 답은 소설의 다른 번역 제목인 『젊은 베르터의 고뇌』에서 찾을 수 있다. 고뇌는 슬픔이라는 감성적인 단어보다 훨씬 진지하고 이성적이다. 철학적인 무게감이 느껴진다. 이런 번역 제목을 좋아하는 사람들은 『젊은 베르터의 고통』을 사회 비판 소설로 이해하고 있다.

그런데 이 두 해석 모두 다 옳다. 황희 정승을 흉내 내자는 것이 아니라, 괴테 자신도 이러한 두 가지 측면에서 해석될 수 있는 점을 충분히 계산하고 쓴 이야기이기 때문이다. 나폴레옹은『젊은 베르터의 고통』을 전장에서 읽을 정도로 애독자였다. 후일 독일을 방문한 나폴레옹이 괴테를 만났을 때 "어디 사람이 사랑 하나 때문에 자살을 한다는 것이 말이 되느냐?"라고 따지자, 괴테가 그 말에 수긍을 하며 크게 웃었다는 것은 유명한 일화이다. 즉 괴테는 베르터가 자살할 수밖에 없는 다른 이유도 집어넣었다.

괴테는 사랑 이야기에 단순하게 묘사하고 넘어갈 수 있는 부분도 당대의 사회에 대한 비판적 시각을 집어넣느라 공을 들였다. 덕분에 소설은 베르터와 로테의 사랑의 밀고 당김 이야기 이외에 많은 문제들에 대한 사색을 담고 있다. 이렇듯 사랑의 슬픔과 사회적 고뇌를 다 담고 있으니 이 책의 제목은 양자를 아우르는 중간 지점의 단어인 '고통'을 사용한『젊은 베르터의 고통』이 가장 적당할 수 있다.

『젊은 베르터의 고통』은 주인공 베르터가 친구 빌헬름에게 쓴 편지 형태로 된 소설이다. 그런데 대개의 편지가 그렇듯이 편지 안에는 주된 용건뿐만 아니라 신변잡기의 이야기, 그리고 여러 사건과 사물에 대한 자신의 생각 역시 포함되기 마련이다. 덕분에『젊은 베르터의 고통』에는 괴테의 인생관, 애정관, 사회관 등이 모두 드러나 있다. 그런데 그것이 무엇이길래 어떤 가치가 있다는 것일까? 마지막 챕터인 만큼 여태까지 활용했던 모든 독서법을 종합해서 찬찬히 살펴보기로 하자.

간단한 줄거리 요약으로도 긴 이야기

『젊은 베르터의 고통』은 우울증으로 의심되는 마음의 병을 치료할 목적으로 작은 시골의 산간 마을을 찾은 주인공 베르터가 1771년 5월 4일 "떠나올 수 있어서 얼마나 기쁜지 모르겠어"라며 빌헬름에게 보낸 편지로 시작된다. 괴테는 이후 베르터가 1772년 12월 23일까지 약 1년 8개월 동안 부정기적으로 친구에게 보낸 편지들을 시간적으로 배치해서 독자들이 주인공의 주변 상황, 애정 관계, 사회상 등을 자연스럽게 파악할 수 있도록 했다.

이방인으로서 나름대로 만족을 하며 생활하던 베르터는 마을 무도회에서 멋진 춤 솜씨를 가진 쾌활한 여인 로테를 만나게 된다. 그리고 그녀의 검은 눈동자를 바라보면서 운명적인 사랑에 빠지게 될 것임을 '직관적으로' 느끼게 된다. 베르터는 자연스럽게 로테와 춤을 추며 그녀에게 접근했다. 그리고 활활 타오르는 가슴을 억누르며 부드럽게 이야기를 나누었다. 그렇게 베르터는 그녀와 친해진다. 이제 나머지는 시간의 흐름에 맡기고 낭만적인 사랑을 나누기만 하면 될 듯한 순간, 예기치 못하게 그녀에게서 약혼자 알베르트에 대한 이야기를 듣게 된다. 이미 공식적으로 인정받은, 사랑하는 사람이 있는 여인과 사랑에 빠지다니. 마치 약혼자가 있던 샤를로테와 사랑에 빠진 작가 자신처럼. 혹은 유부녀와 사랑에 빠져 자살을 한 외무부 서기관 칼 빌헬름 예루살렘처럼. 베르터는 로테의 약혼 사실에 가슴이 땅 아래로 푹 꺼져 들어가는 듯한 상실감을 느낀다. 그러나 그 상실감은 로테와의 새로운 사랑에 대한 희망까지 끌어내리지는 못했다.

베르터는 그 이후로도 로테를 만나고 싶은 그 마음 하나로 그녀를 계속 만난다. 이미 정혼자가 있는 상황에서의 만남이기에 비윤리적이라는 것은 알고 있었지만 그의 마음은 그런 것을 따질 사이도 없이 사랑을 향해 줄달음쳤다. 그런 베르터의 마음은 7월 26일 친구 빌헬름에게 보낸 편지에 다음과 같이 잘 드러나 있다.

"로테를 너무 자주 만나지 말아야겠다고 몇 번이나 마음속으로 다짐했는지 몰라. 그러나 이런 결심이 며칠이나 가겠는가. 내일만은 절대로 가지 말아야지 다짐하지만, 날이 밝으면 어떤 이유를 찾아서라도 로테에게 가고 말아."

베르터가 로테에게 계속 빠져드는 사이, 그동안 일 때문에 도시로 나가 있던 알베르트가 돌아온다. 어쩔 수 없이 로테와의 만남을 줄여야 하는 상황. 엄연히 사랑하는 여인이지만 자신의 사랑이 죄가 되는 것을 깨닫게 된 상황. 베르터는 슬픔에 빠진다. 하지만 로테에 대한 애정과 슬픔은 가슴 깊은 곳에 묻어둔 채 베르터는 로테를 위해서 알베르트와 친분 관계를 맺는다. 이것은 베르터의 마음을 묘하게 흔들어 놓는다. 8월 10일 편지에는 이런 면이 잘 드러나 있다.

"알베르트는 결코 내 행복을 빼앗으려 들지 않아. 알베르트와 함께 산책하면서 로테에 관한 이야기를 나누는 일은 즐겁다네. 그러나 또 한편으로는 이보다 더 불행하고 우스꽝스러운 일도 없을 거야."

어느 날 베르터와 알베르트는 자살에 관한 토론 중에 심한 논쟁을 벌이게 된다. 그리고 베르터는 엄격하게 결과와 형식만을 중시하는 알베르트가 로테와는 어울리지 않는다고 생각하게 된다. 소중한 여인에게 맞지 않는 사람은 행복을 줄 수 없을 것이라 생각한 베르터. 로테에게는 이성적이면서도 감성적인 자신과 같은 사람이 곁을 지켜주면 좋을 것이라는 생각에 더 안타까워한다.

그즈음 8월 28일 베르터는 생일을 맞이하게 된다. 로테는 생일 선물로 호머의 책 두 권과 자신의 리본을 선물한다. 그 리본은 로테가 베르터를 처음 만났을 때 그녀의 가슴에 달려 있던 리본이었다. 그것을 사랑의 징표로 생각한 베르터는 리본에 입을 맞추며 더 큰 사랑의 열병에 빠진다. 하지만 세 사람이 함께 만날 때 베르터는 이제 자신의 친구이기도 한 알베르트의 입장도 생각하지 않을 수 없게 된다. 자신이 사랑하는 여인 로테에 대한 열정만을 생각할 수는 없는 상황에서 괴로워하던 베르터는 여행을 떠날 결심을 한다.

여행이라기보다는 로테와 알베르트로부터의 도피에 가까운 시간을 보내고 난 후 돌아온 베르터. 그에게는 로테가 알베르트와 결혼했다는 절망적인 소식만이 기다리고 있었다. 마치 샤를로테의 결혼 소식을 나중에 들었던 괴테처럼. 결혼 후 다시 만난 로테는 왠지 베르터에게 차갑기만 하다. 그러나 시간이 지나자 다시 예전처럼 다정하게 시와 음악으로 마음을 주고받는다. 그런 감정적 교류 때문에 사랑하는 사람을 맘껏 사랑하지 못하는 베르터의 고통은 다시 더 커진다. 그러던 중 1772년 11월 말 베르터는 한때 로테를 사랑하다 미쳐버린 청년 하인리히의 이야기를 알게 된다. 베르터는 시냇가를 산책하다가 우연히 눈빛이 선량한 청년을 만나게 된다. 그 청년은 한때 로테의 아버지의 서기였으나 로테를 남몰래 사모하다가 사랑을 고백해서 쫓겨났고, 끝내는 미쳐버린 것이다. 이 이야기를 말해준 사람은 얄궂게도 바로 로테의 남편 알베르트였다. 아무렇지도 않다는 듯이 이야기를 전하는 알베르트. 베르터는 그 청년을 더욱 동정하면서 별반 다르지 않는 자신의 처지에 슬픔을 느끼게 된다.

한편 베르터에게 자신의 사랑의 고통을 호소하던 한 농부가 사랑으로 인해 살인을 저지르게 된다. 농부는 사람들에게 잡혀 나오면서도 "아무도 그녀를 차지하지 못해요"라고 당당히 말했다. 베르터는 사랑에 빠져 여인과 합치고자 한 이 농부에게 잘못이 없다고 생각했다. 또한 자신은 이렇게 용기를 내어 실행하지 못한 것에 큰 충격을 받았다. 베르터는 살인을 저지른 가해자가 아닌 이 가여운 사랑의 피해자인 농부를 구해 줘야겠다고 생각했다. 베르터는 그 가

여운 사나이를 위해 변론하기로 한다. 하지만 베르터의 변론도 소용없이 결국 그 농부는 사형 선고를 받고 만다. 베르터가 실망감에 한없이 비척거리던 바로 그때, 로테는 남편의 충고에 따라 앞으로 만남을 자제해야겠다는 통보를 베르터에게 하게 된다. 이것이 더욱 더 베르터를 헤어날 수 없는 절망의 구렁텅이에 빠뜨린다.

12월 21일 월요일 아침, 베르터는 로테에게 다음과 같은 편지를 쓰기 시작한다.

"로테, 마침내 결심했습니다. 당신이 이 글을 읽을 때면 나는 무덤에 누워 있을 것입니다. 지난밤은 무섭고도 고마운 밤이었습니다. 마침내 죽을 결심을 한 밤이었으니까요."

편지를 쓰고 나서 저녁 6시경 베르터는 더 이상 감정을 눌러 담고 있을 수만은 없어 마지막으로 로테를 찾아간다. 그리고 과감하게 로테를 껴안고 키스를 퍼부으며 사랑을 고백한다. 그렇지만 로테는 그를 뿌리치고 옆방으로 뛰어가 문을 잠가 버린다. 로테에게 작별 인사를 하고 집으로 돌아온 베르터는 다음날까지 편지를 썼다.

"사랑하는 로테, 제발 어젯밤 일은 용서해 주십시오! 오오 나의 천사여! 당신은 영원히 나의 것입니다! 알베르트, 남편. 내가 사랑하는 당신을 남편의 팔에서 나에게로 빼앗아 온다는 것이 죄라고요? 좋습니다. 나 스스로 나에게 벌을 주겠습니다. 오오, 로테, 나는 먼저 갑니다. 우리는 저 세상에서 다시 만날 겁니다. 나는 당신을 꼭 닮은 당신의 어머니께 내 마음을 털어놓을 것입니다!"

11시경 베르터는 하인을 시켜 알베르트에게 짤막한 편지를 전한다. 여행을 떠나려고 하는데 호신용 권총을 빌려줄 수 있는지 묻는 내용이었다. 한편 로테는 간밤에 여러가지 생각 때문에 잠을 이루지 못했다. 베르터의 하인이 찾아와 편지를 전하자 알베르트는 로테에게 총을 하인에게 주라고 말했다. 로테는 마음이 편하지는 않았지만 베르터가 부탁한 권총을 내려 먼지를 털고는 하인에게 건네주었다. 베르터는 하인에게 총을 건네받고는 편지를 쓰기 시작했다.

　"당신의 손을 거쳐 권총이 내 손에 들어왔습니다. 아아, 나는 당신의 손에 죽기를 열망했는데 아아, 이렇게 되다니요. 로테, 이다지도 당신 때문에 마음을 태우는 이 남자를 설마 미워하지는 않겠지요."

　베르터는 다음과 같이 편지를 마무리한다.

　"하느님 마지막 순간에 이런 평온과 힘을 허락해 주신 은혜를 진심으로 감사드립니다. 그리운 사람이여! 나는 창가에 서서 밖을 내다봅니다. 오, 로테 당신을 생각나게 하지 않는 것이라고는 하나도 없군요. 당신의 정다운 실루엣 그림을 남겨두고 가렵니다. 나는 몇 천 번도 넘게 이 그림에 키스했습니다. 잘 간직해 주세요. 당신 아버지께는 내 시체를 보살펴 달라는 편지를 드렸습니다. 교회 묘지의 맨 안쪽 밭 한구석에 보리수 두 그루가 있지요. 나는 그 옆에 잠들고 싶습니다. 로테, 나는 조금도 두렵지 않습니다. 당신을 위해 죽을 수가 있다니 행복합니다. 이제 탄환을 재었습니다. 열두 시를 치는 소리가 들리는군요. 자, 그럼. 로테, 안녕! 안녕! 안녕!"

베르터는 자신을 향해 권총의 방아쇠를 당긴다. 이웃 사람들도 총소리를 들었지만 다시 총소리가 나지 않고 조용해졌기 때문에 별 의심을 품지 않았다. 다음날 아침 하인이 베르터의 방에 들어올 때까지 베르터의 자살 기도를 아는 사람은 없었다. 한편 베르터의 소식을 접한 로테는 정신을 잃었다. 그리고 12시까지 가느다란 숨을 쉬던 베르터는 끝내 숨을 거두었다. 그의 유해가 운반되는 길에는 로테도 알베르트도 함께하지 않았다. 알베르트는 기절한 로테의 건강이 걱정되었기 때문에 그녀의 곁을 지켰다. 길에는 유해를 운반하는 일꾼들과 유언에 따른 법적인 사후 처리를 위한 늙은 법무관과 그의 아들들뿐이었다. 자살을 했기 때문에 성직자는 한 사람도 따라가지 않았다.

지금까지의 줄거리 요약을 보면 이루어질 수 없는 사랑 이야기를 담은 애정 소설인 것 같다. 그런데 탐정식 읽기로 세밀하게 살펴 보면 베르터와 로테가 서로 즐거운 시간을 많이 나눈 것이 아니라, 어쩌면 베르터의 일방적인 짝사랑 이야기에 더 가깝다는 것을 알 수 있다. 편지 내용으로 소개되는 로테의 행동 중에는 그 다정함이 충분히 애정 어린 행동으로 보이는 것도 있었지만 대부분은 그렇게 보기 힘든 모호한 것이었기 때문이다. 결혼식을 알리지 않은 것, 알베르트의 권유로 베르터에게 경계 메시지를 전달한 것, 결정적인 사랑 고백 순간에 베르터를 밀친 것, 비록 미심쩍어 하기는 했지만 권총을 내어 준 것 등등 로테가 진정 남녀 관계로 베르터를 아꼈다는 증거보다는 그렇지 않은 쪽이 더 강하다고 할 수 있다. 베르터는 실제 상대방보다도 자기 머릿속에 갖고 있던 사랑이라는 관념에 더 빠진 것일 수 있다. 사랑하고 있다는 사실에 더 가슴이 떨려 각종 이벤트로 떠들썩하게 SNS를 통해 인증하며 상대방에게 집착하는 현대의 연인처럼 말이다.

내 것인 듯 내 것 아닌 내 것 같은 이야기

괴테는 20대까지 이미 많은 사랑을 했다. 라이프치히의 카타리나 쇤코프, 스트라스부르 근처 제젠하임의 프리데리케 브리옹, 베츨라어의 샤를로테 부프 등. 매번 심리적 동요에 몸과 마음이 심하게 상할 정도였다. 그러나 신기하게도 그런 상처를 딛고 또 다른 사랑을 했다. 자신의 절절한 사랑의 상처를 담은 자전적 소설이 출간되어 유명세를 타기 시작한 지 얼마 되지 않은 1775년 1월에 다른 16세 소녀와 또 사랑에 빠질 정도였다. 괴테는 이 소녀를 '릴리Lili'라는 애칭으로 불렀다. 그녀의 본명은 애칭과는 전혀 다른 아네 엘리자베트 쇠네만Anne Elisabeth Schonemann이었다. 릴리는 삼촌 집에서 열리는 각종 사교 모임에서 괴테와 자주 어울렸다. 괴테는 대담함이 매력인 릴리에게 빠졌고, 둘은 4월 20일 비공식적이나마 약혼을 하게 된다. 그러나 이번에는 여자가 아니라 집안이 문제였다. 릴리의 오빠들은 그녀와 다르게 천박한 성품을 갖고 있었다. 괴테의 부모는 종교적 차이를 걱정했고, 여동생 코르넬리아는 특히 결사반대했다. 결국 괴테는 약혼을 한 지 얼마 안 된 5월 8일 릴리에게 알리지 않고 스위스로 훌쩍 떠났다.

약혼을 하고 나니 갑자기 릴리의 단점이 많아 보여서일까? 아니다. 작품을 비교해서 읽는 방법을 활용해 요한 페터 에커만의 저서 『괴테와의 대화』에 실린 것을 보자. 책에 나온 것처럼 그녀는 괴테가 "진정으로 깊이 사랑한 최초의 여인이자 마지막 여인"이었다. 그럼에도 불구하고 그녀와 괴테는 끝내 이루어지지 않았다. 심지어 그를 괴롭혔다고 말한 문제들도 괴테 자신이 에커만에게 "우리를 갈라놓았던 장애도 따지고 보면 극복 못할 것도 아니었다"라고 나중에 말할 정도의 것들이었다. 이쯤에서 질문을 던져 보자.

"보통 사람들도 종교적 차이나 집안 분위기 차이 등 여러 갈등 요소에도 불구하고 결혼을 해서 행복을 도모하지 않는가? 그런데 왜 이 만능의 천재인 괴테는 그러지 못한 것일까?"

질문에 대한 답은 그의 인생의 발자취에 있었다. 괴테는 사랑의 완성을 구속으로 보았다. 사랑을 간절히 원했지만 막상 사랑을 이루면 자신의 미래가 그것에 의해 발목을 잡힐 것 같은 두려움에 빠져들었다. 그래서 성격이나 경제력 등 내외적 조건이 더할 수 없이 잘 맞는 상대인 릴리를 만났음에도 과거의 이별 방식과 마찬가지로 여행을 떠났다. 이번에는 그 행선지가 스위스라는 것이 다를 뿐, '우연한 만남 - 극도의 흥분 - 쌍방의 사랑 고백 - 한없는 행복감 - 깊은 고민 - 도피 여행 - 연인 관계 종결'이라는 괴테의 애정 법칙은 여전히 반복되었다. 그러나 그의 작품 속 주인공의 사랑은 아주 지고지순하다. 그것이 짝사랑이라고 하더라도 목숨을 내걸 수 있을 정도이다. 작가 자신은 현실에서 도피했지만 주인공 베르터는 끝까지 자신의 몸과 마음이 재가 될 때까지 사랑으로 불타게 했다.

베르터와 괴테 사이에는 큰 차이가 있다. 괴테는 여러 번에 걸쳐서 자신이 원하는 사랑을 나름대로 이루었다. 연인과의 사이에 놓인 난관도 노력하거나 새롭게 결심하면 헤쳐 나갈 수 있는 것이었다. 그렇기 때문에 오히려 천재에게는 별로 흥미가 없는 도전 과제였을 수도 있다. 그에게 사랑은, 적극적으로 도전했을 때 그 어느 곳에서도 맛볼 수 없었던 극도의 행복감을 안겨다 주는 미지의 것이 아니었다. 머릿속에 그릴 수 있는 여러 가능한 모습 중 하나로 살게 될 것이라고 충분히 예상할 수 있는 정도의 과제였다.

괴테가 1775년 2월 13일 아우구스테 루이제 추 슈톨베르크 백작 부인에게 쓴 편지에서 드러냈던 것처럼 "최대의 행복은 당대의 가장 훌륭한 사람들과 살고 있는 것"이 괴테의 마음을 진정 행복감에 흠뻑 젖게 하는 최고의 과제였을 것이다. 분명히 괴테는 모든 것을 집어던지면서라도 사랑에 빠지는 낭만적인 모습을 하고 시를 짓고 소설을 썼지만, 자신의 행복을 놓고 마치 수학자처럼 엄격하게 계산을 한 듯하다. 그 계산 과정이 어떻든 간에 확실히 괴테는 한 여자와의 사랑에 의한 행복보다는 다른 것을 꿈꾸었음을 드러내는 결과를 보여 주었다. 자신이 사랑하고 또 자신을 사랑한 여성과의 행복한 결혼이 거의 실현 가능해질 때마다 다른 행복을 포기해야 할 것이라는 두려움에 도피를 한 것이다. 한 여인을 사랑하면서 훌륭한 위인들과의 교류로 행복을 얻는 일도 병행할 수 있었지만, 만능 천재의 머릿속에서는 그렇게 완벽하고 행복한 삶이란 자신의 능력을 벗어난 일이었을 수 있다. 아니면 자신의 능력으로 도달할 수 있는 그런 행복은 진정한 행복이 아니라고 생각했을 수도 있다. 그래서 다른 사람이 보기에는 올바른 길을 선택했다고 싶을 때 사랑이든 일이든 오히려 일탈을 한 것이 아닐까?

어떤 독자는 샤를로테와 괴테의 사랑은 그래도 지순한 사랑이 아니겠냐라고 반문할 수 있다. 하지만 베르터의 사랑 이야기가 로테의 입장에서 보면 친구 관계를 넘어서는 곤란한 감정 교류를 지속적으로 요구하는 청년의 좌충우돌 이야기로 변할 가능성이 충분한 것처럼, 괴테와 샤를로테와의 관계도 그렇다. 샤를로테는 10남매나 되는 형제를 돌보는 장녀였고, 결혼 이후 남편과 12남매나 낳으며 행복하게 살았다. 내조와 사교를 잘해서 남편을 부시장의 위치까지 올려놓는 데도 한몫을 했다. 그런 그녀에게 결혼 직전 100일 정도 교류한 괴테가 과연 애틋한 존재가 될 수 있을까? 괴테에게 샤를로테가 특별할 수 있는 것은 괴테 자신의 사랑 법칙의 예외

여서 그런 것은 아닐까? 즉 우연한 만남 이후 극도의 흥분까지는 진정되었지만, 쌍방의 사랑 고백 이후의 단계가 없어 그 끝을 보지 못했기 때문은 아닐까? 자신의 능력으로 굴복시키지 못한 대상. 괴테도 이러한 자신의 특성에 대한 통찰이 있었는지 로테의 대사를 통해 베르터, 아니 괴테 자신의 문제를 다음과 같이 분석했다.

"나는 두려워요. 나를 소유할 수 없다는 것 자체가 당신에게 그 소원을 그렇게도 매혹적으로 만든 것이 아닌가 두렵답니다."

로테의 말을 곱씹어 보면 괴테를 사로잡은 것은 사랑 그 자체라기보다는 능력 범위를 벗어나는 난관일 수 있다. 릴리가 자신이 인정하는 짝이었음에도 끝내 사랑의 결실을 보지 못했던 것은 괴테가 친구 에크만에게 고백했던 말대로 통제 가능한 난관이었기 때문일 수 있다. 사랑이나 진로 모두 불가능할수록 더 마음을 뺏기지만, 꿈이 높을수록 현실은 더 시궁창으로 느껴져 고통스러운 것, 그것이야말로 젊음의 슬픔이 아닐까?

그런데 괴테는 얼마나 슬픈 젊음을 보낸 것일까? 사회적으로나 경제적으로나 지적으로나 빠지지 않는 엄친아로서의 삶을 보면 덜 슬픈 젊음을 보낸 것 같지만, 괴테는 젊은 시절에 슬픔을 자초하여 쓸데없는 고통을 받은 듯 보인다. 그리고 그 고통을 자양분으로 해서 변변치 않던 20대 중반, 일대 반전을 이뤄냈다. 그가 쓴 소설의 주인공은 파멸했지만 괴테 자신은 전 유럽에 일시에 자신의 이름을 알릴 정도로 성공했다. 그러나 괴테의 애정관이 올바르기 때문에 성공을 한 것은 아니다.

괴테의 애정관은 그의 다른 작품인 시에서도 드러난다. 괴테가 최초로 시도한 민요시인 「들장미」는 가곡으로도 만들어져 유명한 작품이다. 그 내용은 다음과 같다.

한 소년이 장미를 보았네.

들에 핀 장미.

너무도 싱싱하고 해맑아

소년은 가까이 보려고 달려갔네.

기쁨에 겨워 바라보았네.

장미, 장미, 붉은 장미,

들에 핀 장미.

소년이 말했네 : 널 꺾을 테야.

들에 핀 장미꽃!

장미가 말했네 : 널 찌를 테야,

나를 영원히 잊지 못하도록.

난 참고만 있지 않을 거야.

장미, 장미, 붉은 장미,

들에 핀 장미.

난폭한 소년은 꺾고 말았네.

들에 핀 장미꽃.

장미는 자신을 방어하며 찔렀네.

하지만 비명 소리도 헛되이

고통을 받아야만 했네.

장미, 장미, 붉은 장미,

들에 핀 장미.

「들장미」는 1789년 괴테의 작품집에 처음 실렸지만, 그보다 훨씬 전 그가 헤르더와의 서신을 주고받고 자작시를 낭송한 여러 사례를 분석한 결과 1771년 여름에 지어졌다고 알려져 있다. 그렇다면 그 시기는 바로 괴테가 프리데리케에게 일방적 이별을 고하고 8월에 갑자기 고향으로 돌아오기 직전에 해당한다.

괴테는 「들장미」를 교훈적 목적으로 지었다. 그 교훈은 분명 '자연 보호'는 아니었다. 소년의 순간적 욕망을 사랑으로 착각해 들장미로 상징되는 소녀의 순정을 함부로 짓밟지 말라는 교훈을 주기 위해 괴테는 시를 지었다. 어찌 보면 자기 자신의 미성숙한 사랑에 대한 태도를 꾸짖을 때 쓸 수 있는 교훈을 본인이 쓰는 모순을 범한 셈이다.

「들장미」를 쓸 때까지 괴테가 사귄 여성들은 그의 신분과 맞는 호화로운 집에서 곱게 자란 여성이라기보다는 포도주점 관리인의 딸, 시골 목사의 딸과 같이 객관적으로 다른 조건을 가진 여성이었다. 즉 장미로 비유하자면 식물원에서 곱게 가꾸어진 장미라기보다는 들에서 자생적으로 자란 들장미에 가까운 여성들이었다. 그런데 그 여성이 너무도 신선하고 해맑아서 괴테는 소년처럼 다가갔다. 기쁨에 겨워 바라보았다. 그리고 꺾었다. 괴테가 사랑한 여성들은 괴테에게 가시로 반항하지는 않았다. 하지만 괴테는 짐짓 들장미의 편인 것처럼 시를 이끌어가며 소년을 꾸짖는다. 그래도 결론은 여전히 소년 편에 가깝다. 왜냐하면 "장미는 자신을 방어하며 찔렀"지만, "비명 소리도 헛되이" 사랑의 상처에 고통을 받는 것은 장미이다. 소년이 장미에 찔려 사랑의 상처로 고통을 받았다는 말은 없다. 다만 들장미의 고통이 운명처럼 끝을 맺고 있을 뿐이다. 어쩌면 괴테는 그 다음 상대방의 상처를 어루만지는 소년의 모습을 상상할 수 없었던 것이 아닐까? 교훈을 주기 위한 의도적 배치라기보다는 그 자신의 애정관이 너무 격정적이기 때문에 그런 특성이 시에 반영된 것은 아닐까?

괴테는 사실 올바르지 않은 애정관에 가까운 생각을 갖고 있었다. 의식했든 의식하지 않았든 괴테는 자신의 좋은 머리로 계산을 한 다음 극단적인 선택을 하지 않아도 되는 범위에서 사랑을 했다. 그가 한참 사랑에 빠져 있을 때 순진한 시골 처녀였던 프리데리케 자매들에게 해 준 『새로운 멜루지네』 이야기를 봐도 그렇다. 괴테는 이 이야기를 중년 이후에 집필한 『빌헬름 마이스터의 편력시대』

에 삽입하기도 했다. 멜루지네는 프랑스에서 건너와 독일에 널리 퍼진 민속 동화의 여주인공 이름이다. 원래 멜루지네는 물의 요정이지만 인간의 모습을 하고 인간과 사랑에 빠져 그의 아내가 되었다. 그러던 어느 날 목욕을 하던 중 얼떨결에 물의 요정으로 되돌아가는 모습을 남편에게 들켜 그만 인간 세계를 떠나게 된다.

그러나 괴테는 기존의 멜루지네 이야기를 물의 요정이 아니라 난쟁이 나라의 공주로 바꾸었다. 그리고 그녀가 반지의 힘으로 보통 인간이 되어 인간 세계에서 남편을 찾아 결혼한다는 내용으로 바꾸었다. 재미있는 것은 괴테의 시각이다. 괴테는 한 남자가 자신이 사랑하는 난쟁이 여인을 행복하게 해 주기 위해 스스로 난쟁이가 되는 이야기를 삽입했다. 처음에는 그도 사랑하는 여인과 행복했다. 하지만 그녀가 난쟁이가 되기 전 자신의 몸 치수를 알아차리게 되자 불안해졌다. 그래서 사랑은 깨졌다. 그 이후 남자는 어떻게 되었을까? 이루지 못한 사랑 때문에 생긴 슬픔을 이기지 못하고 베르터처럼 자살을 했을까? 아니다. 그 남자는 자신의 체형을 되찾아 자유롭게 되었다. 마치 작은 시골에서 살고 있는 프리데리케에게 맞춰야 하는 삶에서 벗어나 훌륭한 위인들과 사교 모임을 즐기게 된 괴테 자신처럼, 아니 그 이전에 낮은 신분이었던 카타리나 쇤코프와의 첫사랑에서 벗어난 자신처럼.

1인칭 주인공 시점으로 읽기를 활용했을 때, 한참 사랑을 했던 당시에 괴테가 이 『새로운 멜루지네』 이야기를 프리데리케에게 즐겁게 해 주었다고 생각하면 오싹하기까지 하다. 괴테 자신도 상처를 받았다고는 하지만 도피 여행을 한 뒤 이별 통고를 하는 연인을 봐야 하는 상대방보다는 덜했을 것이다. 심지어 괴테는 그들의 상처가 어느 정도인지 몰랐다. 그래서 이별 후 프리데리케의 답장을 받고 충격을 받았던 것이다. 연인의 심리 상태는 제대로 살피지도 못하고 자신의 욕망대로 행동하면서, 다른 사람을 감동시킴으로써 자신의 존재 가치를 확인하고자 했던 사람이 정말 올바른 사랑을 했다고 할 수 있을까? 옳고 그름을 논하는 이성적 판단으로 소년을 꾸짖는 것 이외에, 진정 감성적으로 들장미를 헤아리는 마음을 갖고 시를 썼다고 할 수 있을까? 만약 그랬다면 가시에 찔렸지만 다시 다른 들장미를 찾아 쉽게 꺾고 휙 떠나는 것처럼 행동하지는 않았을 것이다.

괴테가 바람둥이 기질이 많아서 정착을 두려워한 것만은 아니다. 청춘 자체가 가진 이미지가 정착보다는 자유로운 비상을 떠올리게 한다. 막연하게 자유를 꿈꾸거나 도전하는 청년의 이미지가 강하다. 청춘이라고 하면 그저 묵묵히 고개 숙이고 땅을 걷는 모습보다는 야망을 갖고 먼 곳을 바라보며 달려가는 모습이 더 잘 떠오른다. 청년 시절의 괴테는 바이마르에 정착한 삶에 만족한 노년의 괴테가 아니었다. 당연히 청년으로서 더 넓은 세상에 나아가 더 많은 사람을 만나고, 더 많은 것을 누리고 싶어 했다. 여느 청년처럼 말이다. 어쩌면 이 책을 읽고 있는 독자들처럼 말이다. 그러나 사랑하는 상대방 입장에서 보면 그런 사회적 욕망을 사랑보다 더 중시하는 괴테가 아주 실망스러울 수밖에 없었을 것이다. 그게 젊은 시절 괴테의 애정 전선에서 반복될 수밖에 없는 문제였다. 그 문제는 괴테가 더 많은 사람을 만나며 감성을 발달시키고 새로운 변화를 실행하게 하는 기회가 되기도 했으니 결과적으로는 괴테의 성공에 밑받침이 된 것이다.

사랑에 정착하지 못하면서 야망도 없었다면 괴테는 사랑도 성공도 놓친 실패자가 되었을 것이다. 만약 사랑에 정착하는 대신 야망을 포기했다면 권태로운 삶에 시들거렸거나, 아니면 동화 속 주인공들처럼 사랑에 만족하며 개인적 행복을 누렸을 수 있다. 그러나 사회적으로 위대한 괴테가 되었을 가능성은 그만큼 줄어들었을 수 있다. 왜냐하면 괴테는 애정 관계를 끊은 후 도피 여행을 가서 새로운 사람을 만나거나 생각할 거리를 꼭 가져왔으며, 그 후 성과를 얻어 냈기 때문이다. 단지 애정 도피한 것이 아니라 그 일에 열정을 다했다는 것에 주목해야 한다.

괴테는 단지 원하는 것을 얻고 나면 쉽게 싫증 내는 부잣집 바람둥이 도련님이나, 덜컥 많은 것을 책임지게 될까 봐 피하는 겁쟁이만은 아니었다. 비록 애정 문제에 있어서는 낙제였지만, 청년기 괴테는 자신의 꿈을 찾아 뭔가 해야 한다는 생각에 몸과 마음을 분주히 움직일 줄 아는 정도의 삶의 지혜는 갖고 있었다. 원래 목표했던 것이 좌절되었다고 그냥 멍하게 시간을 보내는 것이 아니라, 문학이 되었든 애정이 되었든 대차게 뭔가를 꾸준히 실행했다. 그것이

남들이 보기에 반항이나 일탈이 되더라도 말이다. 일탈의 경험은 결국 괴테에게 삶의 교훈을 주었다. 그리고 그 교훈은 나중에 그의 작품에 반영이 되어 불멸의 업적으로 이어졌다. 이런 요소가 『젊은 베르터의 고통』에 들어있기 때문에 고전으로 남을 수 있는 것이다.

그런데 여기서 의문이 하나 더 생긴다. 아주 올바른 사랑 경험을 한 작가의 훌륭한 애정관이 녹아 있는 소설도 아닌데 왜 당시 유럽은 그렇게 열광했으며, 현재까지도 많은 사람들이 강하게 추천하는 것일까? 이 질문에 대한 답은 『젊은 베르터의 고통』을 지고지순한 애정 소설이 아닌 다른 소설로 보았을 때 얻을 수 있다.

감성 글 파워 블로거 괴테

앞서 소개한 『젊은 베르터의 고통』 줄거리에는 괴테가 공들여 적은 편지 내용들이 많이 빠져 있다. 예를 들면 다음과 같은 이야기가 소설 전편에 나온다.

"삶의 맹목성을 깨달은 사람은 침묵을 지킨 채 자신의 내면으로부터 하나의 세계를 만들어 내지. 그런 사람들도 행복하다고 할 수 있어. 그들은 비록 제약을 받고 있더라도 가슴 속에는 여전히 자유라는 아름다운 느낌을 간직하고 있어. 원하면 언제든 감옥 같은 이 세상을

버리고 떠날 수 있는 그런 자유 말이야." -1771년 5월 22일 편지 중에서 인용

"모든 규칙이라고 하는 것은 진정한 자연의 느낌과 진실한 표현을 파괴하고 만다." -1771년 5월 26일 편지 중에서 인용

두 편지에서 인용한 것처럼 젊은 괴테는 젊은 베르터의 편지를 통해 사회와 예술에 대한 자신의 생각을 수시로 쏟아 놓았다. 위 인용문에서는 규칙을 싫어하고 자유를 동경하는 공통된 특징을 찾을 수 있다. 대체 당시는 어떤 시대였기에 '감옥 같은 이 세상', '진실된 표현을 파괴'하는 규칙을 운운한 것이었을까?

배경지식을 갖고 읽기를 활용해서 살펴보자. 당시 유럽은 신의 의지에 따라 모든 것이 움직인다고 생각했던 중세 사회를 벗어나고 있었다. 르네상스를 통해 기존 사회의 흐름에 대한 반동으로 인간의 이성을 강조하는 근대 사회로 진입했다. 그러면서 유럽은 사상적으로나 문화적으로 계몽주의에 빠졌다. 그리고 이성적으로 옳다고 믿는 특정한 형태의 것만 전파하려는 엄격한 규칙이나 이상이 강조되어 사회가 많이 경직되었다. 문학과 같은 예술도 자유로움보다는 고대의 모범을 따른 특정한 규칙에 따라 쓰여야 하는 것이었다. 즉 고전 문학의 규칙을 당대의 문학에도 적용시키는 것은 올바른 것, 그렇지 않고 작가의 개성이나 창조성에 바탕을 둔 작품은 올바르지 않은 것으로 평가되었다. 극단적인 이성의 강조는 극단적인

감성의 해방 욕구로 연결되었다. 그래서 베르터의 편지에도 그런 자유를 향한 욕구들이 툭툭 튀어나오는 것이다.

그런데 감성의 해방을 가장 극적으로 보여 줄 수 있는 것이 바로 슬픔과 고뇌였다. 왜냐하면 슬픔과 고뇌는 감정이 가장 크게 동요되는 심리 상태이기 때문이다. 그래서 사람들은 슬픔과 고뇌가 가득한 이야기에 큰 관심을 가졌다. 음악과 연극, 문학, 미술 등의 예술에서 비극이 큰 비중을 차지했다. 셰익스피어가 다양한 슬픔과 고뇌로 점철된 비극 작품으로 유럽을 평정한 것만 봐도 그렇다. 사람들은 일상적인 편지에서도 이성적인 규칙에 의해 돌아가는 일상을 이야기하면서도 감성을 폭발시켜 눈물샘을 자극하는 내용을 집어넣는 것을 좋아했다. 그래서 더욱 더 고독하고 우수에 찬 사색을 담아 쓰곤 했다. 마치 베르터처럼. 어쩌면 현대의 답답한 일상을 살고 있는 청춘들이 밤늦게 쓴 블로그의 감성 글과 같을지도 모르겠다.

베르터는 이루어질 수 없는 사랑 때문에 감정적으로 많이 동요했다. 그런데 로테의 입장에서는 전혀 동요할 일이 아니었다. 먼저 죽은 엄마를 대신해서 동생들을 돌봐야 하는 로테에게는 가정이라는 울타리와 남편의 든든한 지지가 필요했다. 그런데 학식과 성품, 평판, 직업, 집안의 경제적 배경까지 좋은 알베르트와 같은 사람이 자신을 사랑해 준다니 이성적으로 그를 선택할 수밖에 없다. 이에 비해 베르터는 자유를 운운하며 독서하고 사색하고 그림을 그리며 시간을 보내고는 모임에 나와 예술가적인 감수성을 뽐내는 것이 전부이다. 베르터도 인정했듯이 알베르트는 객관적으로도 아주 좋은 로테의 짝인데 반해, 자신은 로테를 절실히 사랑하는 것 이외에는 내세울 것이 없는 사람이었다.

그렇지만 베르터는 이처럼 이성적으로 평가해서 옳고 그름을 이야기하는 사회에 살고 있다는 것 자체가 슬펐다. 로테와 같은 여성을 사로잡기 위해서는 더 나은 신분으로 올라가야 하지만, 그러기 위해서는 경직된 사회에 적응해야만 하는 것을 알고 있었던 것이다. 그러나 베르터는 다른 사람들처럼 출세욕에 휩싸여 비굴한 삶을 살거나 무의미하게 시간을 보내느니 자유롭게 사는 것이 더 좋다는 감상적인 생각을 버리지 못한다. 이성적으로 완벽한 것을 선택하는 것보다 감성적으로 마음이 움직이는 것을 선택하는 것이 좋다는 생각도 버리지 못한다. 당대의 많은 젊은이들처럼 말이다. 그렇다. 당시 사람들은 베르터에게서 괴테를 본 것이 아니라 자기 자신을 보았다. 그래서 많은 젊은이들이 베르터처럼 자살을 한 것이다.

공통적으로 알고 있는 '클로프슈토크'라는 시인의 이름을 이야기했다고 해서 서로의 마음이 교류되었다고 믿어 눈물을 흘리며 처음 본 여성의 손등에 키스를 하는 베르터에게 당대의 많은 젊은이들이 공감했다. 조건을 맞춰 결혼하는 것에 길들여진 젊은이들에게, 사랑은 모든 것을 초월할 거라는 이상적인 애정관을 갖고 행동하는 베르터는 영웅이었다. 어디 사랑 문제뿐이던가. 부조리하다고 생각하는 사회와 타협하지 않고 반항하며 계속 자유 의지를 실행하는 베르터는, '스펙'을 더 많이 쌓아 남부럽지 않은 삶을 살아야 하며 그렇지 못한 삶은 실패라고 말하는 기성세대에 멋지게 한방을 날리는 반항아였다.

소설은 처음부터 사람들의 마음을 사로잡았을 것이다. 소설은 "떠나올 수 있어서 얼마나 기쁜지 모르겠다"로 시작하고 있다. 자신을 괴롭히는 문제를 이성적으로 고민해서 정면 돌파해야 성숙한다는 기존 사회의 가르침을 무시하고, 일단 그 상황을 회피하기 위해 충동적으로 저지른 일에 기쁨을 느끼고 있으니 말이다. 여느 계몽주의 소설 같았으면 주인공이 후회하는 장면과 연결되기 딱 좋은 시작이었다. 하지만 베르터는 끝까지 감정적으로 자신의 인생길을 선택한다. 마치 괴로운 상황을 피해 시골 마을로 왔던 이야기의 시작처럼 끝에도 괴로운 상황을 피해 자살을 선택했다. 그리고 자신의 자살에 특별한 사랑이라는 의미를 부여했다.

그런데 그 특별함은 좀 이상하다. 오죽 특별했으면 이혼녀 조세핀을 사랑한 나폴레옹조차 베르터가 자살한 결말이 말이 안 되는 선택이라고 따졌을까? 나폴레옹의 질문에 괴테가 웃음을 지으며 수긍하자 나폴레옹은 왜 자살하는 내용을 넣어서 주제 이해를 혼란시켰느냐고 불평하기도 했다. 나폴레옹이 생각한 주제는 바로 '기존 사회에 대한 불만'과 '새로운 자유에 대한 희망'이었다. 혁명의 이름으로 유럽을 정복했던 나폴레옹에게는 사랑 이야기뿐만 아니라 베르터가 고뇌하는 현실적 제약에 더 눈길이 갔으리라. 그리고 그것이 어떻게 결말지어지는지 전장에까지 책을 가져가 여러 번 읽으면서 곱씹었을 것이다. 독일의 시인 하이네는 1772년 3월 15일의 편지에서 드러난 것처럼 베르터가 귀족들의 파티에서 모욕적으로 쫓겨나는 사건이야말로 자살의 총소리보다도 더 충격적인 것이라고 말하며, 괴테가 베르터의 행적과 사색을 통해 보여 준 귀족 사회의 비판을 더 강조하기도 했다.

1772년 3월 15일의 편지에서 괴테는 귀족들의 외양을 묘사함으로써, 형식적 허례에 치우쳐 고상한 척하지만 알맹이라고 할 수 있는 내면의 가치는 전혀 느낄 수 없는 귀족에 대한 신랄한 비판을 가한다. 마치 21세기에 소위 지도층이라는 사람들이 한 한심한 행동이 글이나 사진으로 인터넷에 떠도는 것처럼 말이다.

괴테는 소설의 곳곳에 사회에 대한 비판을 써 놓았다. 그러나 정작 소설의 결말에는 로테에 대한 이야기 이외에 많은 것을 넣지 않았다. 이것은 괴테가 베르터와 같은 순진한 이상적 감상주의자와 진정한 자유주의자인 자신 사이에 거리를 두기 위한 의도적 배제일 수 있다. 괴테는 1774년 출간된 이후 돌풍을 일으켜 1775년 재출간된 2판의 2부에 다음과 같은 글을 덧붙였다.

"보라, 그의 넋이 그의 동굴에서 네게 손짓하는구나. 남자답게 행동하고 나를 따르지 말라고."

이후 베르터의 자살 후의 일을 소개하는 한편, 베르터가 보낸 편지 내용을 비판하는 '제2부 편집자의 역할'은 더욱 강화되어 1787

년의 바이마르판^{Weimar Fassung}으로 불리는 수정본에 반영되었다. 이렇듯 괴테는 자신의 의도와 다르게 책이 읽히는 것, 특히 베르터를 모방하려고 하는 젊은이들의 행동에 크게 우려하며 수시로 선을 긋고 싶어 했다. 하지만 당시 유럽은 베르터 열풍에 휩싸였다. 베르터가 소설 속에서 입은 식의 복장, 베르터가 읽은 책, 베르터가 지칭한 사물, 심지어 베르터처럼 자살하는 사람까지 속출했다. 이를 걱정한 괴테는 베르터가 미성숙한 존재였음을 분명히 하며, 베르터도 자신을 따르지 말고 성숙한 행동을 하기를 바랄 것이라는 어조로 괴테 자신의 의도를 독자에게 이야기했다. 베르터를 괴테의 분신으로만 이해하고 있는 독자에게는 당황스러운 대목이 아닐 수 없다.

계속 현실과 만나는 고전

헝가리 출신 비평가이자 철학자인 루카치는 "괴테가 베르터를 통해서 당시 시민의 혁명적인 이상을 펼쳐 보이려 했다고 사회적 관점에서 해석하는 것은 베르터를 마치 셰익스피어의 햄릿처럼 정신적으로 결함이 있는 사람으로 보는 것만큼이나 흥미로운 관점"이라고 지적했다. 진정 괴테는 귀족 사회를 비판하는 정치적 소설로 베르터의 이야기를 생각한 것일까? 정치적 의도가 없더라도 영원한 문학적 주제인 개인과 사회의 갈등을 보편적으로 다루면서 기존 질서를 강도 높게 비판한 사회 소설로 쓴 것일까? 아니면 낭만이니 자유니 하면서 도피하다가 결국 현실에 적응하지 못하는 청춘을 반면교사로 보여줌으로써 사회적으로 교훈을 주고자 한 것일까?

이 질문에 대한 답은 조심스럽다. 왜냐하면 괴테는 모순 덩어리였기 때문이다. 괴테는 작가로서는 베르터와 확실히 거리를 두는 말을 많이 했다. 그는 낭만적 이상주의에 빠진 젊은이들에게 교훈을 주기 위한 시와 소설을 썼다. 여러 민요시와 『빌헬름 마에스터의 편력시대』 등이 그래서 탄생한 것이다. 그런데 막상 괴테의 삶을 보면 오히려 이상주의에 빠져 대책 없이 회피해 버리는 베르터에 가까운 측면도 있다. 『젊은 베르터의 고통』 출간 50주년을 기념해서 1823년 쓴 글인 『베르터에게』에서도 괴테는 베르터를 "친구Freund"로 부르면서 비판의 대상이 아닌 남다른 애정의 대상임을 보여 주었다. 심지어 자신이 역겨워했던 귀족 사회의 사교 모임에서 진탕 노는 것을 즐기기도 하고, 천한 신분의 여성을 정부로 삼은 후 여러 시를 통해 자신의 성적 쾌락을 공개하기도 하는 등 모순된 행동도 보여 주었다.

시에서는 들장미를 꺾는 소년을 비판하면서 자신의 연애사에서는 여러 들장미를 꺾은 괴테의 행적 때문에 사회 소설로서의 『젊은 베르터의 고통』에 대한 분석은 더욱 미묘해진다. 그러나 작가와 상관없이 작품을 본다면 베르터의 행적에 대한 이해는 의외로 쉽다. 베르터를 영웅적 행동을 한 인물로 봐야 할까? 이성적인 사회에서 자유로운 감성을 추구하며 사는 사람에게는 희망이 없음을 잘 알고 있었기에, 베르터는 진정한 휴머니즘 실현을 위한 결연한 의지로 삶까지 포기한 것일까? 아니다. 이 역시도 진정 깊은 고뇌의 결과라 기보다는 단지 이성과 감성의 대립을 통한 고통에서 회피하고 싶은 충동의 결과일 수 있다.

다음의 5월 25일 편지와 곧 이어 보낸 6월 11일 편지 내용을 차례로 비교해 보자.

"전부터 나는 한 가지 생각을 갖고 있었다네. 그것을 실행하지 못 했으니 이제 털어놓겠네. 실은 오래전부터 싸움터에 나갈 생각을 해 왔었어. 공작을 따라 이곳에 온 목적도 실은 거기에 있었다네. 공작은 장군이라네. 어느 날 산책길에 내 계획을 털어놓았더니 나를 만류하더군. 듣고 보니 그분의 말이 옳았어."

오래전부터 생각한 듯한 계획. 장군을 쫓아올 정도였다. 하지만 격론을 벌인 것도 아닌데 상대방의 반응 때문에 자신의 생각을 곧 바꾸었음을 확인할 수 있다. 그리고 충동적인 변화는 곧 다른 충동으로 이어진다.

"아무래도 이곳에 더 이상 머물 수가 없을 것 같네. 공작은 진심으로 잘 대해 주지만 나는 왠지 불만스럽고 지루할 뿐이야. 다시 생각해보니 공작과 나 사이에는 공통된 점이 하나도 없어. 앞으로 일주일만 더 머물 예정이야. 그런 다음에는 다시 정처 없는 방랑의 길을 떠나겠어."

방랑은 어떤 진지한 고민이나 결연한 의지에 의한 선택이라기보다는 일단 감정적으로 부담이 되는 상황을 모면하겠다는 충동에 의한 선택이라고 봐야 할 것이다. 그의 말에 따라 진로를 바꿀 정도로 신뢰한 사람에게서 하나의 공통점도 찾을 수 없다며 갑자기 떠나겠다고 하는 것을 평화에 대한 의지나 깨달음 때문인 것으로 해석할 수는 없는 일이 아닌가.

베르터는 자신에게 고통을 주는 것들에 대한 분석은 탁월하지만 그것을 변화시키기 위한 현실적인 행동에는 아주 서툴다. 마치 피터 팬처럼 핑계를 대고 징징거린다. 그러면서도 자신을 괴롭히는 문제들이 잘 해결될 것이라는 막연한 꿈을 꾼다. 그러다 시간이 흘러 현실이 그렇지 않은 것으로 드러나면 고통스러워하고 분노하며 자신에게 고통을 주는 것을 분석해서 남들에게 진지하게 이야기하는 악순환을 반복하고 있다. 골머리를 앓던 유산 분쟁이 잘 해결될 것이라 믿으며 별다른 일을 하지 않고 시골마을로 도망치고, 거기에서 다른 일에 몰두하며 소일을 하다가 또 이런 저런 문제로 고통을 받게 되는 것만 봐도 그렇다.

베르터의 감정은 요동친다. 베르터는 너무 쉽게 사람을 믿고 너무 쉽게 사람을 증오한다. C백작과 자신이 우정을 나눈다며 자랑했다가, 하루의 소동 때문에 그의 위선을 친구에게 고발하는 식으로 말이다. 베르터의 세계는 다른 사람의 욕구나 가치에 의해서 움직이지 않는다. 오로지 자신의 감정과 판단이 중심이 된다. 미성숙한 나르시시스트인 베르터는 그래서 저마다 다양한 욕구와 가치를 가진 사람들이 모인 사회와 타협하기가 힘들다. 딱히 자신의 꿈을 이루기 위해 나름대로 의지를 갖고 하는 반항이라기보다는 현실에 대한 불만을 표출하기 위한 일탈행동을 한다. 마치 청소년 중에서 자기중심적으로 행동하는 이른바 '중2병'에 걸린 친구들처럼 말이다.

'중2병'은 일본의 한 라디오 프로그램에서 시작한 유행어이다. 이 말은 13~15살 정도에 겪어봄직한 심리적 패턴을 의미한다. 특히 인터넷을 보면 '중2병'에 빠진 초등학생, 중학생, 고등학생, 대학생, 심지어 어른을 많이 만날 수 있다. 그들은 지금은 아니지만 마음만 먹으면 뭐든지 할 수 있다고 막연히 생각한다. 말 그대로 '근거 없는 자신감'이지만 그것을 긍정적이라고 생각한다. 그러는 한편 현재 자신은 여러 가지 문제들 때문에 마치 우울증에 걸린 것처럼 힘이 없고 기분이 저하되어 있다고 생각한다. 그래서 지금 당장은 자신의 포부대로 확 실행하지 못하고 비실거리지만 자신을 이해해 달라고 미주알고주알 이런저런 이야기를 인터넷이나 SNS에 적어 놓는다. 그리고 많은 사람들이 그것을 보고 마음을 움직이기를 바란다. 그래서 자신이 올린 글의 조회 숫자, 추천 숫자에 민감하다. 그런데 자신을 이해하지 못하는 사람이나 자신과 생각이 다른 사람들은 참지 못한다. 그래서 심한 악플도 서슴지 않는다. 그런 상처 주는 악플을 내뿜지만, 정작 자신은 아주 여린 사람이라고 생각한다. 그리고 자신은 다른 사람들이 이해할 수 없는 큰 상처를 갖고 있다고 생각하며 외로워한다.

아주 주관적인 베르터의 모습과 많이 닮아 있다. 객관적으로 보면 근거 없는 자신감, 쓸데없는 소외감, 허세 등이 있는 사람일 뿐이다. 사람들은 누구나 상처를 가지고 있고 심리적 약점을 갖고 있고 나름의 장점도 갖고 있다. 자신만 특별할 수 없다. 하지만 진정한 마음의 교류를 하지 않고 나르시시즘에 빠져 자신의 욕구 충족을 위해 인간관계를 맺는 사람들은 타인을 잘 관찰하지 않는다. 언제나 자기 상태만 신경쓰기 때문에 늘 자신의 것만 특별해 보인다. 특별히 상처가 많지만 그만큼 특별한 능력도 갖고 있기 때문에 잠재력을 폭발시키기만 하면 인생 대역전도 할 수 있고, 혁명가처럼 사회를 변혁시킬 수 있을 것이라는 생각을 하게 된다. 마치 일본 애니메이션 『신세기 에반게리온』(1995년 作)의 남자 주인공 '신지'처럼 말이다.

어느덧 괴테의 주인공 베르터는 피터 팬이었다가 신지가 되었다. 이렇듯 고전은 그저 과거의 이야기가 아니다. 현실에서 찾아볼 수 있는 인물들의 이야기이다. 꼼꼼히 읽을수록 더 새로운 이야기를 뿜어내는 것, 그래서 다양한 해석이 가능한 것, 이것이 고전의 매력이 아닌가 싶다.

몇백 년 전 유럽의 청춘들을 뒤흔든 '베르터'와 일본과 세계의 마니아를 열광시킨 현대의 '신지'가 닮은꼴이라는 사실은 무엇을 말해 주는가? 사람들은 과잉된 자의식에 마음을 빼앗기는 감성을 갖고 있다. 신지는 평상시 일상 대화에서든 전투를 하는 조종실에서든 엄청난 독백을 쏟아 놓고, 베르터는 친구의 답장에 대한 언급 없이 줄곧 자신이 겪은 것과 생각하는 것 등 자기 세계를 이야기한다. 다른 사람이 자신을 이해해 주지 못한다고 불평하지만, 진정 다른 사람을 이해하려는 노력을 하지 않으면서 상처받는 사람들. 어쩌면 그런 사람들이 바로 우리들은 아닐까? 그래서 고대 그리스 신화 속 여러 인물을 통해서도 이야기되고, 근대 영국에서 셰익스피어의 햄릿을 통해 이야기되고, 독일에서 괴테의 베르터를 통해 이야기되고, 현대 영국의 제임스 조이스와 버지니아 울프의 '나'에 의해 이야기되고, 최근 일본의 애니메이션 감독 안노 히데아키의 작품을 통해서도 이야기된 것은 아닐까? 여러 작품을 겉핥기로 보기보다는 검증된 고전 작품 하나를 깊게 봐야 하는 것도 본질은 변하지 않기 때문이 아닐까?

청소년은 나이가 어리다. 그래서 어른보다는 아이처럼 세상을 보는 것에 익숙하다. 아이처럼 자기중심적으로, 아이처럼 자신의 경험보다는 상상하는 것으로 판단하는 것에 익숙하다. 그래서 현실과 자신의 판단이 맞지 않을 때 상처를 받는다. 자신의 생각이 옳지 않음을 깨닫고 그것을 과감히 버리기보다는 자신에게 익숙한 생각을 지키는 쪽에 힘을 쓴다. 그래서 계속 성숙하지 못하고 고통을 받는다. 그 고통의 끝은 비참하다. 비록 괴테 자신도 완벽하게 성숙하지 못한 20대 중반에 『젊은 베르터의 고통』을 썼지만 이 정도는 알고 있었다. 그래서 제목에 '사랑'이라는 말을 넣지 않고 더 큰 개념으로 젊은이에게서 떼려야 뗄 수 없는 가장 큰 특징인 '고통'이라는 말을 넣었으며 굳이 '젊음'을 강조한 것이다.

『젊은 베르터의 고통』을 깊이 있게 사회 소설이나 철학 소설로 읽었다고 해서 고통을 초월할 수는 없다. 그런 생각이 바로 가장 경계해야 할 중2병과 같은 헛된 망상이다. 현실에서 고통은 쉽게 없어지지 않는다. 베르터가 했던 고민은 바로 인간이 살아가면서 하게 될 수밖에 없는 아주 오래된 고민들이다. 그것이 신이 아닌 인간에게 내려진 형벌이다. 마치 무거운 바위를 매일 옮겨야 하는 형벌을 받은 시시포스처럼. 알베르트 까뮈가 『시시포스 신화』에서 강조하려 했던 것처럼 인간은 신처럼 고통을 초월하는 것이 아니라, 그런 상황에도 불구하고 용기를 내고 자신의 행동의 의미를 찾으려는 결심을 통해서 형벌을 내린 신도 어쩔 수 없는 절대적 가치를 얻게 되는 것이다.

어쩌면 괴테는 '젊은이들이여, 야망을 갖기 보다는 현실을 직시하라'고 말하고 싶었는지 모른다. 이 말에 고개를 갸웃하는 독자가 있을 수 있다. 베르터는 세속적 야망을 갖지도 현실을 직시하지도 않은 인물이기 때문이다. 그런데 괴테가 쓴 글을 잘 읽어 보자. 세속적 야망에 따라 다른 사람처럼 묵묵히 따라가는 것이 옳다고 쓴 부분이 없다. 오히려 그것을 최악으로 놓고 조롱하듯이 썼다. 헛된 낭만적 망상에 빠지는 것도 문제이지만, 아예 가슴 뛰는 꿈도 없이 헛된 욕망을 좇는 것은 더 문제라는 시각을 집어넣은 것이다. 기성세대를 욕한 세대가 '나이가 들어 성숙했다'며 자신이 욕한 사람들처럼 되거나, 입시 교육의 문제점을 한탄하며 고통 받다가 '철들었다'며 득점 기계가 되는 것에 대해 분명 괴테는 격렬하게 반대했을 것이다. 그리고 현실을 부정하거나 도피하지 말고 직시한 다음에 그 문제를 해결하기 위해 용감하게 도전하라고 말했을 것이다. 그도 완벽하지는 않지만 최선을 다한다는 생각으로 여러 분야에 도전한 것처럼 말이다.

완벽하게 해결하지 못할 것이라는 생각에 지레 성숙을 포기하는 것이 괴테가 가장 경계하고 싶었던 생각이었을 것이다. 그렇지 않다면 소설의 추가 인쇄본에 소년이 아니라 "남자가 되라"고 엄하게 말할 이유가 없었다. 성숙한다는 것은 분명 고통스러운 일이지만 그 과정이 지나면 마치 장난과 같은 것이다. 원하는 사탕을 주지 않는다고 세상 최고의 절망스러운 일을 당한 것처럼 길거리에서 앙앙 울던 아이는 나이를 먹는다. 그리고 어릴 적 이야기를 할 때 깊은 상처를 느꼈던 당시의 기분을 그대로 드러내는 것이 아니라 마치 장난처럼 말한다. 그게 성숙이다. 물론 이런 성숙의 경지에 오르려면 더 이상 상처받지 않기 위해서 격렬하게 고통받을 수 있는 용기가 필요하다. 앞서 말했듯이 고통은 피한다고 줄어들지 않는다.

젊음과 성숙에 대해서

젊음의 고통은 맞서야 한다. 그러나 무조건적인 반항으로는 고통을 막을 수 없다. 그러면 오히려 베르터처럼 고통을 키우게 된다. 젊음의 힘을 적극적으로 활용할 수 있는 현명한 대응이 필요하다. 그 현명한 대응이란 어찌 보면 섣부른 판단으로 무엇을 하는 것이 아니라 그저 끝까지 고통을 견뎌내는 것일 수도 있다. 시인 이성복의 시 「그 여름의 끝」의 주인공처럼 말이다.

> 그 여름 나무 백일홍은 무사하였습니다.
> 한차례 폭풍에도 그 다음 폭풍에도 쓰러지지 않아
> 쏟아지는 우박처럼 붉은 꽃들을 매달았습니다.
>
> 그 여름 나는 폭풍의 한가운데 있었습니다.
> 그 여름 나의 절망은 장난처럼 붉은 꽃들을 매달았지만
> 여러 차례 폭풍에도 쓰러지지 않았습니다.

넘어지면 매달리고 타올라 불을 뿜는 나무
백일홍 억센 꽃들이 두어 평 좁은 마당을 피로 덮을 때,
장난처럼 나의 절망은 끝났습니다.

백일홍은 억센 기세로 폭풍우를 견뎌냈다. 그냥 견뎌낸 것이 아니다. 오히려 폭풍우보다 더 강하게 '오냐, 그래 한번 해보자'며 더 단단한 우박처럼 자신의 꽃들을 매달았다. 그 폭풍우에 시적 화자인 '나'도 있었다. 나는 단단한 우박과 같은 의지가 아닌 장난처럼 절망을 매달았다. 처절한 절망을 장난처럼 매달다니.

'애초에 성숙한 인간이어서 그런 것일까?'

아니다. 정반대이다. 그 절망이 주는 고통의 깊이를 모르니 멋도 모르고 덤비는 것이다. 무모한 아이처럼. 하지만 이런 해석도 한계가 있다. 절망은 아이의 장난처럼 밑도 끝도 없이 시작되기 때문이다. 꼭 무슨 거대한 일이 있어서가 아니라, 인생을 사계절로 비유했을 때 여름에 있는 젊은 '나'는 수시로 절망한다. 그래도 '나'는 열정적으로 반항한 백일홍과 마찬가지로 폭풍에도 쓰러지지 않았다. 그러나 백일홍의 억셌던 기운도 지쳐 권총으로 자살한 베르터의 좁은 침실 바닥처럼 마당을 피로 덮을 때, '나'의 절망은 끝났다. 아이의 장난처럼 밑도 끝도 없이 말이다. 그리고 '그 여름의 끝'이 오자마자 가을이 시작된다. 어떤 것의 끝은 또 다른 것의 시작이라는 평범한 법칙에 따라서 말이다. 그렇게 '나'는 결연한 반항을 통해서

가 아니라 그저 폭풍을 견뎌내어 장난처럼 절망을 끝내고 성장을 한다.

성숙해지는 데에는 힘이 든다. 하지만 막연히 머릿속으로 생각하며 겁내는 정도는 아닐 수 있다. 위인전과 다큐멘터리에 미화된 내용이 더 겁을 먹게 하는 것일 수 있다. 드라마나 영화에서 익히 보았던 이별의 슬픔은 견디기 힘든 것처럼 보이지만 막상 닥치면 '밥만 잘 먹더라'는 유행가 가사처럼 넘길 수도 있다. 경험이 없다 보니 직접 도전해 보지 않는 한 알 수 없는 것이 젊음이다.

베르터는 "세상일은 모두 허섭스레기 같은 것이다. 자신의 열정이나 자신의 욕구가 아니라 남을 위해, 돈이나 명예, 혹은 그 밖의 무엇을 위해서 죽도록 일하는 인간은 바보일 뿐이다."라고 말하면서도 알베르트처럼 남을 위해 봉사하면서 돈과 명예를 얻고 잘나가지 못하는 것에 더 절망을 키운다. 알베르트처럼 노력을 하지도 않고 말이다. 베르터는 농부가 행복할 것이라고 말했지만 정작 그는 농사를 짓지 않았다. 자신은 그러기에는 특별하다며 모두 머릿속으로만 판단하며 한여름의 고통을 만든 것이다. 그리고 넘어지면 매달리면서, 남들이 볼 수 있도록 우박처럼 여러 백일홍들을 매다는 것에만 바빴다.

평생의 지적 재산을 얻기 위해 교육 기관에서 직접 경험보다는 간접 경험을 더 많이 할 수밖에 없는 청소년이 현실을 부정적으로 묘사한 책을 읽거나 방송, 영화, 음악 등을 접한 경우를 생각해 보

자. 현실은 자신이 본 것과 같을 것이라고 지레 염세적이 되어 스트레스를 받기 쉽다. 진짜 현실이 어떤지 직접 경험하지 않고 내린 판단 때문에 고통을 받는다는 사실은 깨닫지 못한다. 18세기 후반 계몽주의나 그에 반대하는 작가들의 책을 보고 특정한 면에 치우쳐 세상을 판단하다 지친 당시 유럽의 젊은이들처럼 말이다.

　뜨거운 여름의 고통이 지나야 시원한 바람이 부는 가을에 수확의 기쁨을 얻을 수 있는 것이 세상이다. 이처럼 젊음의 성숙은 계절의 변화처럼 어쩔 수 없는 것이자 아주 자연스러운 것이다. 그것을 한때의 충동에 의해 거스르는 우매한 선택을 하지 말기를 괴테와 이성복 시인은 똑같은 마음으로 부탁하고 있다. 베르터는 늘 자유를 입에 달고 살았지만, 과감하게 선택한 자살로 자유로워지지 않았다. 그 자신이 중심이 되는 세상에서 한 걸음도 자유로운 발걸음을 떼지 않았다. 자기가 믿는 세상, 자기가 믿는 연인의 차가움만 보았으니 죽어서까지 고통의 감옥에 갇힌 셈이다.

　『젊은 베르터의 고통』을 오독하지 말자. 고통 그 자체만 보지 말고, 그렇다고 해서 고통이 끝난 다음의 미소만 떠올리며 현실의 고통을 회피하지도 말자. 이것이 진지한 교훈이라기보다는 가벼운 장난처럼 들릴 것이다. 하지만 반항의 청소년기를 거친 20대 중반의 젊은 괴테가 하고 싶은 말은 거기까지였다. 그래서 자신이 내린 교훈에 따라 괴테는 베르터와 다르게 멋진 자살을 하지 않고 살아남았다. 자유롭게 발걸음을 옮겨 찬란한 삶을 이어 나갔다. 그것을 이

고전은 몇백 년이 지났어도 열정적으로 이야기하고 있다. 젊음이 어떻게 살아야 하는지에 대한 질문이 계속되는 한 앞으로도 이 작품은 추천 독서 목록에서 빠지지 않을 것이다.

보리 오빠와 함께 읽기
독후행 처방전

자신의 이야기를 메모하기

어떤 때는 전문 작가가 쓴 위인전이나 평전보다, 당사자가 직접 쓴 글이 더 감동적이다. 글재주 이전에 그 진정성에서 차이가 나기 때문이다. 괴테의 편지 형식 글도 진정성 있게 읽혔기에 당대의 베스트셀러가 될 수 있었다. 여러분의 삶에 대한 글도 그렇다. 전문 작가보다 여러분이 자신에 대해서 더 잘 이야기할 수밖에 없다. 가장 잘 쓸 수밖에 없는 글부터 블로그에 메모하듯 글쓰기를 하다 보면 내공이 생겨 다른 글에도 쉽게 도전할 수 있다. 또한 글쓰기는 다른 작가의 작품을 좀 더 분석적으로 파악해서 그 진정한 가치를 발견하게 하는 효과도 있다. 즉 성장을 위한 읽기를 잘하기 위해서도 쓰기의 경험은 필요하다.

『네 손가락의 피아니스트 희아의 두 번째 일기』
이희아 글 | 밝은미래

이희아는 본명보다 사지 기형 1급 장애를 가진 '네 손가락의 피아니스트'로 더 유명하다. 양손에는 손가락이 두 개씩 있고, 무릎 이하의 다리는 없다. 그런 이희아가 처음부터 유명한 피아니스트가 되겠다고 피아노를 시작한 것은 아니다. 그저 연필을 쥘 힘이라도 기르기 위해 피아노를 치기 시작했다. 그러다가 전국 학생음악 경연대회에서 최우수상, 장애 극복 대통령상, 자랑스러운 서울 시민상 등을 받았다. 그리고 그 어떤 피아니스트보다 유명해졌다.

이희아는 불굴의 의지로 역경을 이겨낸 장애인의 상징처럼 되었다. 그러나 이 책에서는 이희아의 솔직한 측면을 더 많이 볼 수 있다. 이 이야기는 이희아가 사춘기를 겪으며 어른이 되어 가는 과정이 담겨 있다. 첫 번째 책과 더불어 읽는다면 성장이 어느 순간에 끝나는 것이 아니라, 평생에 걸쳐 노력해야 하는 것임을 자연스럽게 느낄 수 있다.

인생은 영화의 한 장면처럼 가장 기쁜 순간에 딱 멈춰서 성장을 확하고, 그 다음 계속 행복한 것이 아니다. 성장을 하고 나면 다음 단계의 성장이 기다리고 있고, 좌절과 고통을 느낀다. 그것을 이겨내서 또 행복의 지점에 도달하는 것이다. 이런 사실을 감정이입을 하면서 볼 수 있도록 이희아는 자신의 이야기를 썼다. 여러분도 나중에 자신의 성장 과정을 돌아보기 위해 직접 자신의 일기를 솔직하게 적어 보자. 누굴 보여줄 필요도 없다. 위인전 형식이 아니라 그저 메모여도 좋고 그림이어도 좋다. 중요한 것은 정리하고, 쓰는 것이다.

『페르세폴리스』

마르잔 사트라피 글 | 새만화책

한국에서는 접하기 힘든 아랍 문화권의 현대 여성의 이야기이다. 이 책은 만화이다. 그래서 아이들이 거침없이 읽는다. 그리고 거침없이 솔직한 주인공 여자아이의 성장기에 큰 충격을 받는다.

페르세폴리스는 '페르시아의 옛 도시'를 뜻한다. 그런데 이 책의 제목은 차라리 저자인 "마르잔 사트라피"가 더 어울린다. 마르잔 사트라피는 이란 여성이지만 현재 프랑스에서 살고 있다. 개인의 성장은 사회라는 울타리 안에서 가능하다. 사회는 때로는 억압이 되기도 하고, 새로운 도약의 발판이 되기도 한다. 그 점을 알고 대처하는 사람이 성장의 지름길을 발견할 수 있다. 세계적인 만화 비평가가 된 이 책의 주인공처럼 말이다. 작가는 단지 과거를 회상하는 것이 아니라, 그것이 자신의 성장에 어떻게 도움이 되었는지를 차근히 설명하고 있다.

개인과 사회에 대해서 눈을 뜨며 성장하는 진지한 주제를 이렇게 쉽게 다가올 수 있도록 한 것은 만화라는 특성과 저자의 진솔함 때문일 것이다. 만화를 좋아하는 사람에게 큰 도움이 될 것이며, 특히 이 책의 주인공이 이야기하고 있는 6~14살 시기와 비슷한 연령대의 여자에게 좋은 책이다.

『책만 보는 바보 : 이덕무와 그의 벗들 이야기』
안소영 글 | 보림

이 책의 저자는 안소영이라는 현대 작가이다. 그러나 이 책은 원래 이덕무가 쓴 짧은 자서전인 『간서치전看書痴傳』을 바탕으로 하고 있다. 그러므로 안소영을 통해 재창조된 이덕무의 이야기이니, 이덕무의 이름도 저자에 들어간 것으로 생각하며 봐야 할 것이다.

이덕무는 조선 후기 실학자였다. 학식이 높았지만 서얼 출신이기 때문에 답답한 현실에 갇혀 살아야 했다. 그런 그를 보듬어 준 것은 스승과 동료였지만, 가장 큰 힘이 된 것은 그가 읽었던 책이었다. '간서치'는 이 책의 제목이기도 한 '책만 보는 바보'라는 뜻이다. 한마디로 말하면 책벌레이다.

이덕무는 홍대용, 박지원, 박제가, 유득공 등과 사귀었기 때문에 역사적 인물을 이 책을 통해서 더 자세히 알게 되는 장점도 있다. 그리고 당시의 시대적, 정치적 정황을 이해하게 되어 역사 공부의 자료로써도 훌륭하다. 그러나 이 책의 가장 큰 장점은 책 읽기의 위대함을 느낄 수 있다는 것이다. 이덕무에게 책은 보고 듣고 느끼는, 살아 있는 존재이자 세계였으며 으뜸가는 벗이었다. 그렇게 책이 말을 걸어온 것을 그는 차분히 썼다. 그래서 그의 다양한 저술은 현대의 독자에게도 말을 걸고 있다.

역사를 가로질러 책을 통한 대화를 시도하는 것이다. 이덕무의 말은 마치 수천 년을 오간 『보리와 임금님』의 '보리'처럼 그 빛이 아름답다. 이 책을 통해서 스스로 '책만 보는 바보'라고 부른 이덕무가 키운 가치를 감상해 보도록 하자. 그리고 자신의 느낌을 적어 보도록 하자. 이덕무에 대한 독후감이라는 생각보다는 자신의 일상과 느낌을 적는다는 생각으로 말이다. 이게 바로 여러분 자신의 글쓰기이다.

읽기의 성장을 위한 추천 도서

이해의 원리를 바탕으로 한 독서법

창의적 읽기를 위한 예시 자료 : 『보리와 임금님』

읽기의 성장을 위한 추천 도서

어릴 때 읽은 책으로 정서적 안정 찾기

마음에 상처를 입었을 때는 그림책을 읽음으로써 현재 뒤틀린 정서를 안정시키는 것이 필요하다.

『화가 나는 건 당연해!』
미셸린느 먼디 글 | (주)비룡소

아이에게 화는 당혹스러운 감정이다. 예전에 좋은 관계였던 사람들과 인연을 끊으려 일부러 화를 내는 것은 아니다. 그런데도 화가 계속 나니 당황스러울 수밖에 없다. 그런데 화를 내는 자기를 혼내는 사람만 있다. 그래서 더 엇나간다. 이럴 때 책 제목처럼 "화가 나는 건 당연해"라는 말을 듣게 된다면 얼마나 반가울까? '내가 크게 잘못된 것은 아니었구나' 하면서 일단 마음이 놓일 것이다. 그리고 자신의 마음과 똑같은 주인공, 그 마음을 읽어낸 부모의 배려가 반갑게 느껴질 것이다. 이 책은 독자에게 자신의 안에 있는 괴물 같은 마음을 다스리는 방법을 알려 준다. 아이는 엄마의 말이 아니라 이야기를 통해 거부감 없이 자신이 고쳐야 하는 부분을 생각해 볼 수 있다.

『틀려도 괜찮아』

마키타 신지 글 | 토토북

나이가 들수록 공부에 대한 억압을 더 많이 받는다. 그런데 이 책의 제목처럼 "틀려도 괜찮아"라는 말을 듣는다면 어떨까? 가슴이 시원해지는 기분이 들 것이다. 성장을 하면서 학교나 학원 등 집 밖에서 보내는 시간이 압도적으로 많아진다. 그리고 집 밖에서는 계속 평가를 받게 된다. 즉 다른 사람보다 못한 성적을 받게 되면서 주눅이 들고, 마음에 상처를 받게 된다. 그러면서 계속 자신이 없어지고 밖에서는 소극적인 성격이 되면서도, 자신을 잘 받아 주는 집에서는 짜증을 잘 내게 된다. 이 책의 주인공은 초등학교 1학년 신입생이다. 하지만 주인공과 같은 마음은 그보다 훨씬 나이가 많은 사람도 느끼는 감정이다.

이 책은 단순히 "틀려도 괜찮아"라고만 이야기하지 않는다. 아이들에게 틀린 답이라도 자신 있게 말해 가며 정답을 얻어갈 수 있다는 것을 알려 주고 있다. 평가에 주눅이 든 자신에게 지금 당장이 아니라 미래를 위해서, 앞으로 더 나아가라고 응원가를 불러 주고 싶을 때 권할 책이다.

『얼굴 빨개지는 아이』

장 자끄 상뻬 글 | 별천지

콤플렉스가 없는 사람은 없다. 얼굴, 성적, 행동, 버릇, 집, 옷, 음식, 냄새, 취향 등등 인간의 모든 것이 콤플렉스가 될 수 있다. 초등학교 고학년 시기가 되면서 사춘기가 시작되면 사소한 것을 가지고 콤플렉스를 느낄 수 있다. 그리고 그 콤플렉스가 해결이 되지 않아 분노의 감정을 느끼고, 화가 치밀어 올라 반항을 하게 될 수도 있다.

　이 책은 당황하면 쉽게 얼굴이 빨개지는 아이가 주변의 놀림만 받다가 끊임없이 재채기하는 아이와 만나 서로 우정을 나누는 이야기이다. 이야기를 읽으면서 콤플렉스에 대한 새로운 생각을 하게 되는 한편, 등장인물들과 같은 아름다운 우정에 대한 동경이 생길 것이다. 즉 화가 나게 한 원인보다는 그것을 해결할 수 있는 방법이 무엇일까를 더 고민하게 될 것이다. 아이들이 『괴물들이 사는 나라』를 주인공 맥스의 입장에서 읽으면서 은밀히 치유가 된 것처럼, 얼굴 빨개지는 아이에 감정이입을 해서 보면 실제로 자신의 상처를 보듬어 주는 친구를 사귄 기분이 들어 치유가 되는 효과도 있다. 정서 안정의 목적뿐만 아니라 우정을 통한 행복에 대해서 생각을 키우는 데에도 적절한 책이다.

『나쁜 어린이 표』
황선미 글 | 웅진주니어

　아이는 억울하다. 서툴게 행동하는 것뿐인데 나쁜 행동이라고 딱지를 붙여서 혼을 내는 경우가 많기 때문이다. 주인공 건우가 반항을 하는 장면과 선생님께 '나쁜 선생님 표'를 발행하는 장면 등에서 아이들이 대리 만족을 느껴 억압된 감정이 누그러질 수 있다. 그리고 감정을 적극적으로 표현함으로써 어른과 화해하고 문제를 해결할 수 있음도 배울 수 있다. 꾹꾹 감정을 누르며 짜증을 내거나 억울해 하는 것만으로는 문제가 저절로 해결되지 않는다. 화해와 문제 해결의 방법을 이 책을 통해 찾기를 응원하고 싶다.

『나 좀 내버려 둬! : 스스로 감정 다스리는 법』
박현진 글 | 길벗어린이

청소년기보다 더 어렸을 때에도 스트레스를 받았다. 그래서 화가 나고 슬프고 짜증이 났다. 그러나 그때는 그 감정이 무엇인지를 알지 못한다. 그저 불편하다는 느낌을 갖는 수준에서 멈추는 경우가 많다. 무조건 꾹꾹 누르는 것도 문제지만, 있는 그대로 감정을 표출하는 것도 대인 관계를 위해서나 자신의 성숙을 위해서 좋지 않다. 친구를 사귈 때도 감정이 휙휙 변하거나 그 기복을 고스란히 표현한다면 상대방이 부담스러워 멀리할 것이기 때문이다. 그래서 감정을 현명하게 다스리는 방법을 알아야 한다.

이 책은 8가지 기본적인 심리 상태, 즉 화, 무서움, 좌절감, 불안, 긴장감, 짜증, 죄책감, 상실감에 대해 알려 주고 그것을 풀어 나가는 방법을 찾도록 도와준다. 또한 같은 감정이라도 사람에 따라 상황에 따라 다를 수 있으며 역시 이를 해소하는 과정도 다를 수 있음을 알려 준다. 이것은 자신의 감정을 다른 사람에게 설명하거나, 다른 사람의 감정을 이해해야 할 때 중요한 생각의 전환점이 될 수 있다. 어린이 상담 전문가인 저자가 각 문제 사례를 알기 쉽게 설명했기 때문에 문제를 미리 방지하거나, 상처를 치유할 수 있는 단서를 얻을 수 있다.

위인전으로 올바른 자아 성장의 길 찾기

자아는 6세부터 12세 사이에 본격적으로 생기기 시작한다. 프로이트는 이 시기를 "잠재기 Latency Stage"라고 정의했다. 그리고 이 시기의 아동들이 지적 탐색 활동을 활발하게 하는 것을 주요 특징으로 지적했다. 이것저것 경험을 하며 사회화하는 과정에서 자아가 자라고 이상이 형성된다. 덕분에 장래 희망이 대통령, 소방관, 연예인 식으로 수차례 바뀐다.

그렇다. 막연하게나마 초등학생에서 어엿한 어른으로, 자아가 성장하는 꿈을 갖고 있다. 그렇다면 청소년이 된 지금 그 꿈과 관련된 인물의 위인전을 다시 읽어 보자. 해당 인물이 어떻게 살았는지를 살펴보는 과정에서 미처 보지 못했던 부분을 확인하거나 자신의 생각이 변하는 것을 살펴볼 수 있다. 특히 꿈이 너무 커서 짓눌리고 있는 것은 아닌지, 꿈과는 상관없이 하루하루를 보내고 있어 공허함을 느끼다가 화를 내는 것은 아닌지 등등을 확인할 수 있다. 그리고 자연스럽게 긍정적으로 자아를 발전시키는 방향에 대해서도 이야기를 나눌 수 있다. 어쩌면 예전에 감동받았던 위인이 아닌 다른 위인에 더 마음이 끌리고 있는 자신을 발견하면서 또 다른 자아와 만나게 될 수도 있다.

이런 과정을 통해 주변 사람에게 반항하는 에너지를 자기가 꿈꾸는 장래 희망을 이루기 위해 쏟게 될 것이다. 여러 가지 측면을 갖고 있어 청소년기의 자아 성장에 도움이 되는 위인은 다음과 같다.

『괴테』

괴테를 업적 위주로 보면 그저 '천재'로만 생각하게 된다. 하지만 그를 자세히 보면 자아 성장에 대한 다양한 전환점을 얻을 수 있어 청소년기에 특히 도움이 되는 인물이다.

괴테는 청소년기까지 공교육이 아닌 사교육을 받았다. 최고 수준의 조기 교육 이후 10대와 20대는 주로 머리를 키웠던 괴테. 그에 대한 주변의 평가는 '재능은 뛰어나지만 가슴은 차가운 사람'이었다. 20대에는 사랑하는 사람에게 이별 통고도 없이 훌쩍 도피 여행을 떠나 버리고 나서도 상대방이 상처를 받을 것을 헤아리지 않고 천연덕스럽게 다시 연락한 사람이 바로 괴테였다. 만약 괴테가 지성과 능력만 키워 나갔다면 기껏해야 한때 화제가 된 프랑크푸르트의 1등 신랑감, 능력남, 엄친아 정도가 되었을 뿐 지금 우리가 기억하는 위대한 괴테가 되기는 힘들었을 것이다. 30대의 괴테는 행정가와 과학자로서 자신의 일에 매진했다. 만약 괴테가 이 정도에 머물렀다면 세월의 무게를 이기려 노력한 철없는 열정남이나 분야의 경계를 허문 자유로운 지성인 정도에 멈췄을 것이다.

40대 이후 괴테는 80대에 이를 때까지 자신의 가슴을 움직였던 길을 직접 걸으며 삶의 보편적 교훈을 실천하려 노력했다. 한 예로 젊을 적부터 자유분방했던 괴테였지만 마음에 드는 여인을 만나도 자신의 아내를 생각하며 체념하는 대신 그 감정만큼은 살려서 작품으로 승화시키기도 했다. 다른 인간과의 교류가 개인의 성장과 행복에 중요하다고 생각했기에 얼굴도 보지 못한 많은 사람들과 서신 교환을 하기도 했으며, 자신을 찾아온 사람들을 만나 이야기를 나누는 것을 즐겼다. 말년의 괴테를 만났던 사람은 괴테를 두고 '탁월한 재능과 함께 가슴이 아주 따뜻한 사람'이라고 입을 모아 존경을 표했다. 이 모습이 바로 우리가 기억하는 위대한 괴테의 모습이다. 그러나 앞서 이야기했듯이 원래부터 괴테가 이런 위대함을 갖췄던 것은 아니다. 즉 위대한 인물은 처음부터 다른 게 아니라, 끊임없이 자신을 변화시켜 위대함을 만든 것이었다. 자아를 멋진 작품으로 만들기 위해서 『괴테』를 읽어야 하는 이유가 바로 여기에 있다.

『링컨』

위인전에 빠지지 않는 인물인 링컨. 미국 대통령으로 놀라운 업적을 보여 준 그는 실패라는 것을 모르고 승승장구했을 것 같다. 하지만 그의 인생은 실패와 좌절의 연속이었다. 형편없이 가난한 집에서 태어나 교육을 제대로 받지 못했고, 시험을 보면 쉽게 합격하지 못하고 낙방하기 일쑤였고, 변호사로서도 변두리의 무명 변호사 생활을 했으며 정치에 나와서도 선거에 이겨 본 적이 없다. 유일하게 이긴 선거가 대통령 선거였다.

정치가로서 길을 가기 시작한 다음에도 좌절은 계속 되었다. '폭군', '미치광이', '국민의 헌법적 권리를 완전히 무시하는 독재자', '간계에 능하고 정직하지 못한 정치가'라는 평가를 받았다. 그러나 현재 우리가 기억하는 링컨은 '위대한 도덕적 지도자', '폭넓은 전략적 통찰력과 창조적인 지혜를 가진 정치가,' '고귀한 인격, 친절, 유머 그리고 관대함의 소유자' 등 긍정적 평가 일색이다. 최초의 흑인 미국 대통령인 버락 오바마도 주저 없이 링컨을 가장 존경하는 인물로 꼽는다. 그 이유가 무엇인지를 유년 시절부터 차근히 읽는다면 현재의 어려움을 딛고 자아를 성장시켜 당당하게 자신의 진로를 개척하는 지혜를 얻을 수 있을 것이다.

링컨은 자신이 겪은 부정적인 일에서 긍정의 싹을 찾을 줄 아는 사람이었다. 인재를 등용할 때도 사람의 좋고 나쁨이 아니라, 넓은 시각에서 그 일에 적합한 사람이라면 기꺼이 선택했다. 뚜렷한 목표를 향해 더디 가더라도 포기를 하지 않았다. 자기의 지나온 길이 그러했듯이 말이다. 눈앞의 이익보다는 큰 것을 위해서 작은 것을 양보했다. 그 결과 간악한 술책을 부린다는 비판을 받았지만, 자신의 신념을 지키면서도 정치적으로 유연하게 통합을 꾀하는 탁월한 리더십을 보여 주게 되었다.

자식들을 먼저 땅에 묻어야 하는 개인적 슬픔을 여러 번 겪었음에도 불구하고 정신적인 괴물에게 잡아먹히지 않고 자신을 지켜낸 링컨을 역할 모델로 삼는다면 확고하게 자신의 길을 갈 수 있는 용기와 지혜를 함께 얻을 수 있을 것이다.

『마리 퀴리』

마리 퀴리라고 하면 '폴란드 태생의 프랑스 물리학자·화학자로서 방사능 연구로 유명하며 노벨상을 2회 수상한 바 있다'는 정도의 지식은 흔히 갖고 있다. 그런데 마리 퀴리의 일생은 이렇게 간단하게 요약되는 것 이상의 의미를 갖고 있다.

마리 퀴리의 어린 시절은 총체적 혼란 그 자체였다. 정치 사회적으로는 폴란드가 유럽의 위기에 노출되어 어지러웠고, 어머니는 폐결핵으로 죽었으며 아버지는 직장을 잃었다. 아버지는 생계유지를 위해 하숙생을 받았는데, 하필 하숙생 중 한 사람이 장티푸스 환자여서 언니가 병으로 죽어 버렸다. 뭔가를 열심히 하려고 해도 안 되는 분위기에서 마리 퀴리는 탈출하고 싶었다. 그래서 공부에 매진했다. 하지만 프랑스로 가서 공부하고 싶어도 가난 때문에 학비가 없어 3년간 가정교사로 고용되어 자기 또래 아이들을 가르쳐야 했다. 그러면서도 자신의 이익만 생각하지 않고 마을 어린이들을 대상으로 야학까지 운영했다.

경제적 여유가 생기자 마리 퀴리는 둘째 언니가 있는 프랑스 파리로 떠나 소르본대학교에서 물리학과 수학 학위를 취득했다. 그리고 파리에서 피에르 퀴리와 결혼해서 두 딸을 둔 어머니가 되었다. 남편이 교통사고로 죽고 나서도 변함없는 사랑을 갖고 살았고, 연구자로서도 업적을 계속 쌓았으며, 대학에서 학생들을 가르치기도 했다. 전쟁이 나자 부상자를 신속하게 진단할 수 있게 X선을 차에 신게 하고 직접 나서 현재의 구급차의 모델을 만들기도 했다. 한편 두 딸 이렌과 이브를 각각 과학자와 작가로 길러낼 정도로 가정에서의 역할도 훌륭하게 다했다. 바쁜 일정에도 세계 평화를 위한 강연과 저술, 사회 운동에 참여했다. 프랑스 정부가 제공하겠다고 한 연금까지 거부한 후 요양소에 입원, 1934년 7월 4일 방사능으로 인한 악성 빈혈로 사망할 때까지 열정적인 삶을 살았다.

마리 퀴리의 일생을 보면 자신의 자아를 성장시키면서 사회적인 일을 하는 것을 게을리하지 않았다. 어찌 보면 사회적인 일까지 생각했기 때문에 더 열정적으로 자아를 성장시킬 수 있었다고 할 수 있다. 마리 퀴리의 위인전을 읽으면 자아 성장이 단지 개인적 성공과 행복만을 위한 것이라 생각하는 위험에 빠지지 않게 될 것이다.

『세종대왕』

세종대왕의 업적은 대외 정책에서부터 대내 정책, 문화, 과학에 이르기까지 방대하다. 이렇게 훌륭한 왕이지만 그는 애초 왕이 될 운명은 아니었다. 태종의 셋째 아들이기에 두 형이 더 유력한 왕위 계승권자였다. 어릴 적 워낙 독서와 공부를 좋아한 세종을 걱정한 태종이 책을 감추도록 할 정도의 문제아 아닌 문제아일 뿐이었다. 세종 자신도 왕위 다툼에 끼이고 싶지 않아 더욱 독서와 공부에 매진했다. 정치적 흐름이 바뀌어 세자에 책봉되려고 할 때에도 간곡하게 사양을 할 정도였다. 그런 그가 어떻게 마음을 바꿔 그 어느 왕보다도 더 열심히 정치를 하게 된 것인지를 찾는 재미도 쏠쏠하다.

여러분 각자가 충분히 찾을 수 있겠지만 한 가지 힌트를 주자면 세종은 자신의 단점을 장점으로 승화시킬 줄 아는 지혜로 성장을 했다. 어릴 때부터 안 질환과 소갈증 등을 앓던 세종은 맹사성, 황희, 권진, 김종서 등의 재상들에게 어느 정도 권한을 위임하여 그들이 책임을 지고 정책을 펼치도록 했다. 즉 개인적 건강의 문제라는 단점을 신하와의 적극적 협력과 각 전문가에게 권한을 위임하여 세밀한 정책을 실현한 장점과 맞아떨어지도록 만든 것이다. 그 결과 황희는 주로 인사와 행정을, 맹사성은 교육과 제도 정비를, 윤회는 상왕 태종과의 중개자 역할과 외교 활동을, 김종서는 국방을 맡게 하는 등의 조치를 통해 국가의 전 분야가 튼실해지는 성과를 얻게 한 것이었다.

협력과 융합의 시대에 맞는 역할 모델을 세종대왕에게서 찾을 수 있다면 그 어떤 최신 진로 지도서보다 더 강력한 효과가 있을 것이다. 상대방과 자신의 능력을 결합해서 성공하는 방법을 찾지 못하면 자기의 권력과 이익만 좇는 '욕심쟁이'로 중간에 도태되기 쉬운 세태에 세종의 이야기는 가장 좋은 자기계발서인 셈이다.

『아인슈타인』

천재의 대명사인 아인슈타인은 어렸을 때 엉뚱하기는 했지만 평범한 시절을 보낸 것으로 유명하다. 어른이 되고 나서도 사정은 별반 달라지지 않았다. 특허청 직원으로 스위스 베른에서 그냥저냥 생계를 유지할 때만 해도 그가 물리학의 흐름을 바꾸고 나중에 노벨물리학상을 수상할 것이라고 생각한 사람은 없었다. 어쩌면 아인슈타인 자신도 몰랐을 것이다. 하지만 확실히 알고 있는 것은 있었다. 자신이 물리학을 정말 좋아한다는 것. 그것으로 아인슈타인은 자기 길을 개척하기 시작했다. 가능성이 높아서 도전한 것은 아니었다. 성공 가능성보다 자기가 좋아하는 것을 더 중요시했다는 사실이 놀라운 자아 성장의 밑거름이라고 할 수 있다.

아인슈타인의 활동은 물리학 영역에만 머물지 않았다. 자신이 좋아하는 것이라면 열정을 다했다. 낯선 이들과 편지를 교환하기도 했고, 사회 운동 잡지에 글을 기고하기도 했고, 평화 운동에도 적극적이었다. 겉으로 보면 모두 다른 분야의 업적 같지만 아인슈타인에게는 그동안 자신을 성장시켰던 지혜, 자신이 좋아하는 길을 그대로 따라간 것이다.

천재적 능력 이전에 그가 뭔가를 얼마나 좋아했는지를 살펴본다면 현재 자신이 해결해야 하는 자아 성장의 과제를 더 명확히 이해하게 될 것이다. 아인슈타인처럼 능력을 발휘하기 이전에 '좋아하는 것'부터 찾는다면 놀라운 업적을 만들 수도, 자신을 집어삼킬 듯이 덤비는 부정적인 마음에서 벗어날 수도 있을 것이다.

성장을 위해 효과적인 책 Best 5

성장을 위해서 픽션과 논픽션을 가려 읽을 필요는 없다. 그래서 가장 좋은 책 5권을 우선 순위별로 추천해 본다.

『헝거 게임』
수잔 콜린스 글 | 북폴리오

영화도 잘 만들었지만 1인칭 시점으로 세심하게 묘사된 내면 변화를 추적하기에는 소설이 더 좋다. 그 성장의 변화를 볼 수 있어야만 이 『헝거 게임』 시리즈의 진정한 가치를 이해할 수 있다.

이 책을 만든 수잔 콜린스는 다양한 매체에서 작가로 활동했던 경험을 살려 재미도 있으면서 철학적 의미가 남다른 책을 만들어왔다. 이미 『언더랜드 연대기』를 통해 실력을 인정받았던 수잔 콜린스는 더욱 강력한 창작력을 이 책에 쏟아 놓았다. 베스트셀러 작가이자 소설 작법 책도 쓴 스티븐 킹으로부터 "손에서 놓을 수 없는 강한 중독성! 비범한 소설"이라는 격찬을 들을 만한 작품이다.

헝거 게임의 룰은 간단하다. 첫째, 모든 과정은 24시간 리얼리티 TV로 생중계된다. 둘째, 시청자들은 마음에 드는 소년이나 소녀에게 돈을 걸 수 있다. 셋째, 한 명만 살아남을 때까지 경기는 계속된다.

소설이 다루는 미래 사회의 가상 규칙이라며 가볍게 넘겨버리기에는 어딘가 오싹하다. 왜냐하면 최고가 되기 위해 경쟁을 해야 하는 현실의 특성이 냉철하게 녹아 있기 때문이다. 물론 이 책은 독재 체제하의 미래 사회를 배경으로 식민지의 각 구역에서 뽑혀 온 24명의 소년 소녀가 서로 죽고 죽인다는 충격적인 설정에서 출발한다. 하지만 가혹한 현실 앞에서 고민하는 청소년들의 모습은 완전 사실적이다. 거기에 로맨스, 성장을 두려워하는 주인공, 사회적 억압 구조 속의 개인적 선택 등등 여러 주제가 씨줄과 날줄로 엮이면서 재미있게 이야기가 펼쳐진다.

겉으로 드러난 액션 판타지물로 읽어도 재미있지만, 주인공들의 성장과 사회 구조에 대한 비판 의식을 중심으로 읽으면 더 재미가 있다. 특히 독후행으로 자신의 성장을 현명하게 기획하는 데 도움이 될 것이다. 다소 허무하게 보일 수 있는 제3권의 결론을 담담히 받아들일 수 있다면, 장담하건대 여러분은 살벌한 경쟁 사회 속에서 성장을 한다는 것은 결코 화려한 쇼와 같은 것이 아님을 이해한 것이다.

청소년인 주인공의 내면을 잘 쫓아가기 바란다. 결코 용기가 많은 인물은 아니었다. 잘난 체를 하거나 누군가에게 인정을 받고 싶어 하는 인물은 더더욱 아니었다. 단지 많이 절실했다. 그 절실함을 용기로 바꾸고, 그 용기로 성장한 인물이었다. 성장이 절실하다면 꼭 시리즈를 모두 보기 바란다. 영화뿐만이 아닌 소설로 말이다.

『파이 이야기』
얀 마텔 글/공경희 역 | 작가정신

전 세계 40여 개국에서 출간된 이 책은 2002년 제34회 부커상 수상작이기도 하다. 이 소설은 실화라고 쓰여 있지만, 알다시피 소설 중에는 '진짜 실화'임을 강조하는 '진짜 허구'가 많다.

『파이 이야기』는 새로운 소설을 쓰기 위해 인도에 간 작가의 이야기로 시작한다. 작가는 '신을 믿게 할 이야기'가 있다는 한 노인에게서 '파이'라는 인물을 소개받는다. 파이는 아주 오래전에 자신에게 일어난 일을 이야기하기 시작한다.

그렇다. 이 이야기의 주인공은 도입부에 등장한 작가가 아니라 16세 인도 소년 파이이다. 파이는 단지 신을 사랑하고 싶은 마음에 힌두교, 기독교, 이슬람교를 모두 믿는 좀 독특하지만 순수한 아이이다. 그는 동물원을 운영하는 아버지, 다정한 어머니, 운동밖에 모르는 형과 함께 행복한 시절을 보낸다. 그러다가 1970년대 후반, 인도의 정치적 상황이 불안해지자 아버지는 캐나다로의 이민을 결심한다. 파이 가족은 동물원 등 팔 수 있는 것은 모조리 판다. 파이가 속으로 '아버지가 나와 형까지 팔지 않을까' 하고 생각할 정도로 아버지는 사소한 자물쇠 통까지 판다. 그리고 남은 것들을 크고 튼튼해 보이는 화물선에 싣고 인도의 마드라스를 떠난다. 파이는 가벼운 흥분 속에서 인도와 작별의 손을 흔들며 캐나다를 향해 간다. 하지만 그들을 태운 화물선이 필리핀 마닐라를 거쳐 미드웨이 제도를 가던 도중 문제를 일으킨다. 결국 화물선은 태평양 한가운데에서 침몰하고 만다. 그렇게 파이는 사랑하는 가족을 잃고 홀로 남겨지게 되었다. 그 이후 절망 속에서도 살기 위해 안간힘을 쓰며 227일간을 버틴 과정을 표류기의 형태로 쓴 것이 이 책의 주된 내용이다.

실화이든 아니든 『파이 이야기』는 참 놀라운 이야기이다. 그것을 원하느냐 아니냐는 독자의 선택이다. 그런데 파이의 이야기에 숨어 있는 뜻을 꼭 살펴야 한다. 성장은 기쁨의 연속이 아니라 절망과 공포, 허무와 권태의 파도를 타고 온다는 것. 그 파도를 이겨내는 여행 끝에 파이는 어른으로 성장할 수 있었다. 무서운 이모 부부와 함께 계단 밑 작은 방에서 비참한 삶을 살던 해리 포터가 꼬마 마법사에서 어엿한 청년으로 성장할 수 있는 있게 된 배경에도 비슷한 밑거름이 있었다. 그냥 어느 날 부엉이 한 마리가 배달한 초대장 하나로 모든 인생이 바뀐 것만은 아니다.

파이가 호랑이를 길들이는 것처럼, 해리 포터도 새로운 마법 세계의 공포와 절망을 길들이며 성장을 했다. 다른 것을 바라는 것은 진짜 허구이다. 혼자만 남은 신세를 한탄하는 것으로는 상황이 나아지지 않는다. 파이나 해리 포터가 그랬던 것처럼 능동적으로 움직여야만 한다. 그래서 성장이 힘들고, 성장의 진실은 참 고통스럽다. 그러나 그 진실을 알고 실행하면 행복해질 수 있다.

『비폭력대화 : 일상에서 쓰는 평화의 언어, 삶의 언어』
마셜 B. 로젠버그 글 | 한국NVC센터

행복한 사람으로 성장하려면 일단 서로에게 상처를 주는 일이 별로 없어야 한다. 그런데 어떤 때는 본심과 다르게 말이 나가서 상처를 주고 후회하게 되는 경우도 있다. 혹은 반대로 상처를 받아 아파하기도 한다. 비폭력대화는 일상적으로 주고받는 대화법을 평화적으로 바꿈으로써 행복을 설계하는 것이다. 비폭력대화란 어떤 것일까? 예를 들어 엄마가 모임 때문에 집에 늦게 들어왔다고 하자. 그러면 아이는 소리를 친다.

"엄마, 8시까지 온다며? 왜 10시 넘어서 들어와? 왜 거짓말 해."

약속을 어긴 것이니 배시시 웃으며 미안하다고 할 수도 있지만, 엄마의 마음에는 아이가 너무 예의 없게 구는 것이 더 크게 생각된다.

"너 엄마에게 버릇없이 그 말투가 뭐니?"

그 다음부터는 대화가 아니라 누가 누구에게 말로 더 큰 상처를 주는가 하는 싸움이 되고 만다. 대화의 목적은 자신의 마음을 소통하는 것이다. 그런데 원래 엄마가 원한 것이 아이에게 상처를 주자는 것은 아니지 않은가. 비폭력대화는 대화의 시작점에서 서로의 욕구에 대한 이해부터 시작하기를 강조한다. 아이가 엄마에게 소리를 지른 것은 혼자 집에 있다 보니 불안했다는 마음의 표시일 수 있다. 혹은 엄마가 늦게 되면 전화라도 해 주기를 바란다는 욕구의 표현일 수 있다. 엄마가 늦게라도 온 것에 대해 반갑기도 하지만, 그동안 불안해 하며 혼자 있던 것이 억울해서 아이가 그런 반응을 보였다고 생각할 수 있었다면 엄마는 다르게 반응했을 것이다.

이렇듯 비폭력대화법에 대한 책들은 행동이나 말 속에 숨어 있는 상대방의 욕구를 이해하게 하는 것에서부터 이야기를 시작한다. 그리고 평가와 관찰을 분리하기, 생각과 느낌을 구별하기 등의 구체적 방법을 통해 상대방에게 상처를 주거나 거꾸로 상대방의 말에 의해 상처를 받지 않는 길을 알려 준다. 예를 들어 "넌 나를 피곤하게 해"라는 평가와 생각이 담긴 말을 건네는 것보다는 "나 지금 피곤해"라는 현재의 느낌만을 전달한다면 상처를 주지 않을 것이다.

비폭력대화는 무조건 화를 꾹꾹 참으며 이야기하라고 말하지 않는다. 상대방에게 상처를 주지 않으면서 자신의 욕구를 효과적으로 분출하는 방법을 알려 준다. 상대방에게 화가 난 상황에서도 상대방을 공격하지 않으면서도 자신의 입장을 충분히 표현하는 대화 방식이 비폭력대화이다.

비폭력대화는 이해하기도 쉽다. 비폭력대화에서 기린은 '마음으로 소통하는 사람'을 상징한다. 기린은 목이 길어서 주위를 두루 살필 수 있으며, 큰 심장을 가진 동물이기 때문이다. 그래서 비폭력대화를 '기린 언어'라고 부르기도 한다. 평화로운 '기린 언어'와 정반대인 것은 공격적인 맹수와 같은 '자칼 언어'이다. 상대방을 있는 그대로 관찰하기보다는 선입견을 가지고 평가하고, 눈앞에 보이는 것 이상의 사실까지 추측해 가며 해석하려 하고, 비판을 하고 명령을 하는 언어 습관이 바로 자칼 언어의 대화법이다. 그냥 입을 다물고 있는다고 해서 자칼 언어의 습관이 저절로 줄어들지는 않는다. 기린 언어의 대화법을 몸에 익혀야만 한다.

비폭력대화법은 자녀 교육을 넘어서서 존경받는 세계의 지도자들의 언어 습관이기도 하다. 유명한 컨설턴트들이 성공과 행복을 위해서 꼭 갖추기를 추천하고 있는 기본 소양이다. 그러니 가족의 행복은 물론 자신의 성공을 위해 가정에서부터 적극적으로 사용하기 시작하는 것이 가장 좋을 것이다.

『분노하라』
스테판 에셀 글 | 돌베개

이 책은 아주 얇다. 원래 프랑스에서 출간된 것이 34페이지, 국내에서 번역한 것이 88페이지에 지나지 않는다. 그러나 이 책을 읽은 사람들 중에는 의외로 다 읽는 데에 시간이 걸렸다는 사람이 많다. 그 이유를 직접 읽는 것으로 확인해 보기 바란다.

세상에는 불합리한 문제들이 널려 있다. 그런데도 청년들은 자기의 성공을 위해 눈과 귀를 닫고 공부만 하거나 아예 유흥에 빠져 있는 경우가 많다. 세상이 부조리하면 저항할 줄 알아야 하지만 그런 청춘은 많지 않다. 공포에 질려 있거나, 열심히 움직이고는 있지만 주체적이지 않고 수동적으로 요구에 응하고 있다. 똑똑할수록 제법 세상을 알고 있다는 투로, 아무리 해도 피할 수 없는 것이라고 체념해 버리고 있다. 부정의에는 입을 닫지만 불이익은 참지 못해서 목소리를 높인다. 사회적 문제보다는 사소한 다툼이나 연예인의 행동에 더 민감하고 분노한다. 이런 청년들에게 사회를 넘겨주기 위해서 당시 93세 노인이던 저자가 젊었을 적 생명을 무릅쓰고 레지스탕스 생활을 한 것은 아닐 것이다.

스테판 에셀은 과거 자신이 나치에 저항해서 싸웠던 것처럼 현대의 젊은이도 현실에 분노해서 새로운 현실을 만들기 위한 길에 참여하고 싸울 것을 주문하고 있다. 스테판 에셀은 세상이 복잡해졌거나 분노의 이유가 불명확해서 분노를 일으키기 힘들 수도 있지만, 세상에 참아낼 수 없는 일들이 있으니 각자 분노할 대상을 찾아 분노하라고 말한다. 분노의 이유들은 어떤 감정에서라기보다는 '참여의 의지'로부터 생겨나니까 말이다.

나날이 높아지는 청년 실업, OECD 국가 중 청소년 포함 전 연령대 자살률 1위, 급감하는 출산율, 치솟는 물가와 대학 등록금, 국민을 우롱하는 정치, 세계 최고의 비정규직 비율 등 한국 사회는 분노할 요소가 많이 있다. "내가 뭘 어떻게 할 수 있겠어? 내 앞가림이나 잘할 수밖에……"라고 말하지 말자. 세상에 대한 무관심은 자신의 인간다움을 잃는 것이다. 이 책을 읽지 않더라도 잊지 말자. 여러분 자신의 인간다운 삶과 사회의 발전을 위해서 무관심은 절대 안 된다고.

여러 사건과 사고를 통해 대한민국에 가슴 아프게 던져진 화두 중의 하나도 이것이다. 가만히 있으면 안 된다. 무관심하면 안 된다. 분노해야 한다. 그리고 변화시켜야 한다. 그러기 위해서 새로운 사회에 대한 상상력을 발휘하고 열정을 바쳐야 한다. 정확한 가치 판단 기준을 갖기 위한 독서를 하지 않으면 무기력하게 이용당하기 쉬운 세상이기 때문이다.

『세계대전 Z』
맥스 브룩스 글 | 황금가지

겉 이야기와 속 이야기가 달라서 자신의 독서력을 확인하기 좋은 책이다. 질문을 던질수록 이야기는 더 깊은 이야기를 들려준다. 그냥 좀비물로 읽을 것인지, 인류의 진행 방향에 대한 화두를 던지는 책으로 읽을 것인지는 독자의 선택이다.

특히 왜 한반도가 하필 주요 배경 중 하나로 등장하는지를 탐정의 자세로 추적해 보기 바란다. 다른 지명들과의 공통점을 보면 작가의 의도가 보일 것이다. 한 가지 더 힌트를 주면 작가는 역사적으로 치열한 전쟁이 있던 지역을 선택했다. 그곳은 전쟁의 불씨가 여전히 타오르고 있는 곳들이다. 세계 대전이 그곳에서부터 일어나도 하나 이상할 것이 없을 정도로 말이다.

이 책은 여러 독서법을 활용할수록 더 재미가 있다. 배경지식을 활용해서 읽기를 하면 더 좋다. 이 책은 어느 정도 좀비의 위협으로부터 전 세계의 안전이 확보된 가까운 미래의 UN '전후 보고서'를 위해 세계 각국의 정치·경제 유명 인사와 군사 전문가, 과학자, 일반 시민 등 다양한 인종과 직업의 사람들을 만나 인터뷰하는 방식으로 쓰여 있어 아주 사실적인 지식이 동원되어 있기 때문이다.

질문법을 활용해서 책을 읽으면 더 비판적으로 읽을 수 있다. 우리가 대적해야 하는 것은 여태까지 적이라고 생각했던 인간일까, 아니면 좀비화된 인간일까, 혹은 좀비화될 뻔한 자기 자신도 함께일까? 좀비라고 하면 괴물이 먼저 떠올랐던 독자도 이 책을 보면 다른 인간들이 괴물보다 더 무서운 존재로 보일 수도 있다.

정치적 이권을 생각한 안일함으로 결국 국가 최악의 위기 상황을 불러온 여러 정부 관계자들과 재벌들의 선택을 보면 소설 속 사건이 아닌 현실 속에서의 다른 사건이 떠오를 것이다. 인간성을 잃어 범죄를 벌이는 사람과 반대로 다른 인간을 위해 용기를 낸 사람들을 비교하면서 읽는 재미도 크다. 무엇보다도 여러분 자신이라면 어떤 선택을 할 것인지를 1인칭 시점으로 묻는 것을 잊지 말아야 할 것이다. 이 책에는 수많은 인물형이 등장하니 생존을 위해서 어떻게 해야 할 것인지 뿐만 아니라, 어떤 모습으로 생존할 것인지도 고민하기를 권하고 싶다. 누구는 범죄자로, 누구는 영웅으로 생존을 했으니 말이다.

이해의 원리를 바탕으로 한 독서법

공교육 교과서에서 소개하는 기본적 독서 방법은 다음과 같다.

중심 생각 찾기

국어 시간에 하는 주제 찾기와 같은 것이다. 글의 핵심을 놓치지 않으려면 의도적으로 중심 생각을 찾으려 노력해야 한다.

요약하기

읽기의 결과를 정리하고, 이해의 틀을 활성화하는 데 좋은 전략이다. 교과서에서 '단원 정리' 등의 이름으로 꼭 요약을 싣는 것도 단순히 암기의 자료를 주는 목적에서 그렇게 한 것이 아니다. 스스로 이해의 틀을 활성화해 능동적으로 지식을 재구성하는 단서를 주기 위한 것이다.

책 속의 상황 상상하기

구체적인 상황을 떠올릴 수 있다면 이해가 더 잘된 것이다. 또한 그렇게 생동감 있게 이해를 해야 오랫동안 기억할 수 있다.

이 기본 독서법도 좋지만 심리학에서의 이해의 원리를 활용하면 다음과 같이 좀 더 구체적이고 효과적인 독서법을 만들 수 있다.

전체 맥락을 잡기 위해 서문과 목차를 읽어라

이해에는 맥락이 중요하다. 외국 영화를 자막 없이 봐도 대충 상황을 이해할 수 있는 것도 상황 맥락에 대한 이해 덕분이다. 마찬가지로 세세한 부분을 살피기 전에 전체적인 맥락을 잡는 것이 이해의 중요한 수순이 된다.

처음 만나는 사람과 대화를 나눈다고 생각하고 책을 보자. 대부분의 사람들은 처음 만난 사람에게 다짜고짜 자세한 이야기를 건네지는 않는다. 아마 상대방이 어떤 사람인지 겉모습부터 훑어볼 것이다. 그리고 전체적인 느낌을 머리에 정리한 다음 그에 맞추어 점점 더 자세하게 이야기를 나누기 시작할 것이다.

독서도 마찬가지이다. 일단은 책 제목을 보고 어떤 내용일지 예상해 보자. 전체적인 맥락과 책의 윤곽을 잡는 데 큰 도움이 된다. 또한, 이렇게 하면 처음부터 저자와 효과적인 대화를 시작하는 것이니 훨씬 더 흥미가 생긴다. 흥미를 갖고 주의를 기울여 읽는 글은 그렇지 않은 글보다 이해의 폭도 기억의 정도도 다를 수밖에 없다.

보다 구체적인 맥락을 활성화하기 위해서는 책의 서문이나 목차를 봐야만 한다. 대부분의 저자들은 서문에 자신의 의도를 밝히기 때문이다. 서문을 읽는 것이 저자의 의도를 파악하고 전체 맥락을 잡기 위한 지름길이다.

책의 내용을 부담 없이 훑어보라

책을 정독하기 전에 전체 내용을 훑어 보면 이해에 큰 도움이 된다. 전체 윤곽을 잡은 상태에서 세부적인 내용을 통합할 수 있기 때문이다. 소주제명이나 강조되어 표시된 곳을 부담 없이 한번 훑어 보는 것만으로도 이해의 틀이 활성화될 수 있다.

주석을 빼놓지 말고 읽어라

저자가 독자의 이해를 돕기 위해서 마련한 주석은 빼놓지 말고 읽어라. 주석을 읽는 것은 이해의 징검다리를 밟는 것이나 마찬가지이다. 만약에 적절하게 배치된 주석을 읽지 않고 넘어가면 도중에 빠져 허우적거리다가 낭패를 볼 수 있다. 글의 내용을 정확히 통합해 내면서 응집성을 놓치지 않기 위해서는 주석을 꼭 읽어야 한다.

책을 뻔뻔하게 끝까지 보라

책을 읽다 보면 이해하기 힘든 부분이 나와 덮어 버리고 싶을 때가 있다. 그러나 그때 덮는다면 영영 이해할 기회가 없어진다. 책을 덮고 싶을 때, 이해가 끊임없는 정교화 과정임을 잊지 말고 끝까지 뻔뻔하게 보아야 한다. 그래야 책의 전체 내용에 대한 개요가 머리에 만들어지면서 이해의 틀 안에서 모르는 것을 한쪽에 배치할 수 있다. 또한 중간에 멈추고 싶을 정도로 힘들었던 내용이 뒤에 나오는 다른 내용에 의해서 저절로 해결되는 경우도 있으니 꼭 끝까지 읽는 것이 좋다.

모르는 단어는 꼭 찾아보라

뻔뻔하게 책을 읽으라는 말을 했지만, 이 말이 모르는 것을 그냥 모르는 대로 놓아두라는 의미는 아니다. 그렇다고 단어 공부하듯 모르는 단어가 나올 때마다 찾으라는 것도 아니다.

중요한 말인 경우에는 책에서 반복되는 것이 보통이다. 그런데 그 단어를 모르면 항상 걸리게 되어 있다. 문맥을 통해 파악이 불가능한 경우에는 단어의 뜻을 빨리 찾아보는 것이 빠르다. 보통 전문 용어의 경우에는 책 뒤에 용어 설명이 나와 있는 경우가 많으므로 책 뒤 색인에서 찾는 것이 가장 좋다. 그러나 용어 설명이 없거나 그 단어가 빠져 있다면 사전을 통해 꼭 찾도록 한다.

기본적으로 단어의 의미가 머리에서 활성화되지 않으면 그 부분이 계속 빈칸으로 남을 수밖에 없다. 모르는 개념이나 일화가 나왔을 때도 마찬가지이다. 글의 이해에 있어 중요하다 싶고 반복된다 싶으면 꼭 내용을 찾아보아야 한다.

글의 내용을 머리로 정리하고 요약하라

글을 읽으면서 우리는 내면의 목소리를 듣게 된다. 그 목소리는 글의 내용을 그대로 읽을 때도 있지만 때로는 그 글을 통해 생각나는 다른 것을 이야기하기도 한다. 그런 경우 지금 보고 있는 글의 내용이 무엇인지 간단하게 정리하거나 요약하면 글 전체를 검토하는 것처럼 큰 도움이 된다. 중·고등학교 국어 시간에 배웠던 방법대로 핵심어를 뽑는 것도 도움이 된다. 혹은 특정 부분에 색깔로 표시를 하거나 짧게 메모하는 것도 좋다.

초보자에게는 '어떻게 정리하면 좋을까' 하는 형식보다는 '무엇을 정리할 것인가' 하는 내용이 보다 더 중요하다. 그러므로 응집력이 강한 것부터 정리해 보자. 응집력이란 어떤 단체나 조직에 속하는 구성원들을 통합하는 힘이다. 고로 글에서의 응집력이란 글의 의미 내용을 하나의 주제를 중심으로 연결하는 힘을 뜻한다. 따라서 응집력이 높은 것이 무엇인지 확인하는 것 자체가 주제 파악이며, 글을 이해하는 핵심 과정이다.

이해의 과정에서 떠오르는 아주 중요한 생각은 메모를 해도 좋다. 단, 긴 메모로 독서의 흐름을 끊기보다는 핵심 단어만 적어 놓고, 나중에 정교하게 만들며 따로 정리하는 것이 좋다. 이해의 과정자체가 그런 식의 정교화 과정으로 완성되는 것이다.

비판적으로 읽어라

읽기는 저자와 독자의 의사소통 과정이다. 대화를 하는 것처럼 읽어야 가장 자연스럽게 원하는 목적을 이룰 수 있다는 주장이 받아들여지는 것도, 읽기가 쌍방향적인 의사소통 과정이라는 특성이 있기 때문이다.

저자의 말을 수동적으로 듣고 있으면 의사소통이라고 할 수 없다. 적극적으로 자신의 의견도 펼 줄 알아야 한다. 그러자면 저자가 주장하는 내용이 타당한지 아닌지를 판단해야 한다. 전체 맥락에서 벗어난 주장은 없는지, 혹은 빼놓은 주장이나 사실은 없는지를 살피면 내용을 효과적으로 이해할 수 있다. 이런 비판적 독서를 유도하기 위해서 '읽기 질문'이나 읽기 전에 '주의사항' 같은 것을 제공하는 책이 있는 것이다.

창의적 읽기를 위한 예시 자료 : 『보리와 임금님』

우리 마을에는 윌리라는 바보가 살고 있었다. 이 아이는 그저 마을 사람들 심부름이나 다니는 보통 바보들과는 달랐다. 윌리는 교장 선생님의 아들이었고, 한때는 장래가 촉망되는 천재라는 소리를 듣기도 했다. 윌리의 아버지 역시 아들에게 큰 기대를 걸고 있었다. 그래서 무척 많은 책을 읽혔다. 그러나 윌리가 10살이 되었을 때 교장 선생님은 자신의 기대가 물거품이 됐다는 사실을 인정해야만 했다. 그저 윌리의 머리가 나빠졌다는 그런 뜻이 아니다. 윌리는 아예 보통 사람들처럼 생각을 할 수조차 없게 되어 버린 것이다. 하지만 그게 정말 사실일까?

그 아이는 마을의 밭에 앉아서 실실 웃기만 할 뿐 좀처럼 입을 열어 말을 꺼내려 하지 않았다. 그러다가 갑자기 입을 열고 혀를 놀리기 시작하면 마치 닫혀 있던 뮤직 박스가 느닷없이 열려 소리를 내기 시작하는 것처럼 끝없이 얘기를 계속하곤 했다. 멍청이 윌리가 언제 입을 열어 말을 끄집어낼지는 아무도 짐작할 수 없었다. 윌리는 이제 더 이상 책은 거들떠보지도 않았다. 교장 선생님은 가끔 윌리가 전에 좋아하던 책을 슬며시 그 아이의 눈앞에 내밀어 보기도 했다. 그러나 소용이 없었다. 윌리는 슬쩍 그 책에 눈길을 보낼 뿐, 옛날이야기나 전설 따위에는 관심도 없는 듯했다. 그러고는 털레털레 걸어가서 신문을 집어 들곤 했다. 그나마 그 신문에도 별 관심을 보이지 않고 이내 싫증을 내고 던져 버리기 일쑤였다. 어쩌다 가끔 신문 기사의 한 부분에 관심이 쏠리는 듯 한 시간 이상 뚫어지게 쳐다보는 일도 있었다. 그러나 그건 대부분 별로 중요하지 않은 얘기들이었다.

윌리의 아버지는 마을 사람들이 아들을 '바보 윌리'라고 부르는 것을 무척 싫어했다. 그러나 마을 사람들이 그렇게 부르는 것은 윌리를 사랑하는 마음에서 우러나온 것이었다. 심지어 마을 사람들은 이 마을에 찾아온 다른 마을 사람들에게 윌리를 자랑하는 일도 있었다.

윌리는 눈이 무척 아름다운 소년이었다. 머리칼은 옅은 갈색이었고, 피부는 희었다. 그리고 그 하얀 살결에 주근깨가 살짝 박혀 금빛으로 보였다. 장난기를 띤 푸른 눈동자에는 악의라곤 전혀 보이지 않았고, 빙긋 웃는 예쁜 입술은 보는 사람들의 시선을 끌어당기는 힘이 있었다.

내가 윌리를 처음 보았을 때 윌리는 16살이나 17살쯤 되어 보였다. 나는 8월 한 달을 그 마을에서 보낼 작정이었다. 2주일 동안 윌리는 내가 아는 척을 해도 빙긋 웃으며 인사를 할 뿐이었다. 어느 날 나는 4분의 3 가량 베어진 보리밭 가장자리에 길게 누워 밭 가운데 놓인 보릿단을 옮기는 것을 구경하고 있었다. 그때 윌리가 다가오더니 바로 내 옆에 기대고 앉았다. 윌리는 나를 쳐다보지도 않고, 손을 내밀어 내 시곗줄을 잡고 거기 붙은 보석을 빤히 쳐다보았다. 그리고 그걸 한 번 쓰다듬더니 느닷없이 입을 열기 시작했다.

"난 어렸을 때 이집트에 있는 아버지 보리밭에 씨를 뿌렸어. 씨 뿌리기가 끝나면 파란 보리 싹이 움트기를 기다렸어. 시간이 흐르자 보리 줄기가 자라고, 줄기에서 이삭이 솟아오르더군. 그리고 녹색 밭은 황금빛으로 변하는 거야! 해마다 보리밭이 황금빛으로 빛나기 시작하면 나는 우리 아버지가 이집트에서 제일 부자라고 생각했지."

윌리는 줄줄 이야기를 쏟아냈다. 그 이야기는 멈출 기색이 없었다.

"그때 이집트에는 왕이 있었어. 그 왕을 부르는 이름은 아주 여러 가지였지. 그 이름 가운데 가장 짧은 것이 '라'였어. 그래서 나는 그 왕을 '라'라고 불렀지. 라 왕은 큰 도시에서 화려하게 살고 있다는 거야. 아버지의 보리밭은 그 도시에서 떨어져 있었기 때문에 나는 왕을 본 적이 없었어. 하지만 많은 사람들이 왕의 화려한 궁전과 멋진 옷차림에 대해 얘기했지. 왕관과 보석, 재물이 가득 들어찬 상자에 대해서도 이야기했어. 왕은 은 접시에 든 음식을 먹고, 금으로 만든 잔에 술을 따라 마신다더군. 저녁에 잠을 잘 때는 테두리에 진주를 장식한 자주색 이불을 덮는다는 거야."

'아, 이런 세상에. 윌리는 바보가 아니라 천재인지 몰라. 아니 천재 중에서도 최고인지 몰라. 이렇게 이야기를 좔좔 하는 것을 보면 말이야.' 이렇게 속으로 생각하며 경탄의 눈빛을 보냈지만 윌리는 자신의 세계에 빠져 계속 이야기를 쏟아 놓기에도 바빴다.

"나는 그런 얘기를 듣는 게 좋았어. 하지만 왕이 우리 아버지처럼 가까운 사람으로 여겨지지는 않았어. 그리고 왕의 황금빛 망토가 우리 집 보리밭처럼 좋은 것이라는 생각은 들지 않더군. 어느 날 나는 보리밭 그늘 아래 누워 있었지. 태양이 뜨겁게 내리쬐고 아버지의 보리는 길게 자라났고, 나는 보리 이삭을 뽑아 한 알씩 입에 넣어 씹고 있었어. 그때 누군가 내 머리 위에서 웃는 소리가 들리더군. 봤더니 덩치가 큰 어떤 남자가 나를 내려다보고 있더군."

윌리는 마치 그 남자가 지금 눈앞에 있는 것처럼 시늉을 하며 이야기를 계속했다.

"그 남자는 새까만 수염이 길게 자라 가슴까지 내려왔고, 날카로운 눈매가 마치 독수리 같았어. 머리에 단 장식과 옷이 햇빛에 반짝거리고 있었지. 난 그 남자가 라 왕이라는 것을 금방 알 수 있었어. 라 왕과 조금 떨어져서 호위병들이 말을 타고 서 있더군. 호위병 한 명은 왕의 말 고삐를 붙잡고 있었어. 왕은 나를 보기 위해서 그 말에서 내린 거야."

나는 속으로 왕이 무슨 말을 할까 무척 궁금해졌다. 윌리는 계속 이야기를 툭툭 쏟아 놓았다.

"우리는 아무 말도 없이 한동안 서로 물끄러미 쳐다보았어. 왕은 나를 내려다보고, 나는 왕을 올려다보고 있었지."

나는 그만 참지 못하고 윌리에게 물어 보았다.

"아니 계속 서로 쳐다보았다는 말 말고, 다른 말을 하란 말야. 설마 이게 이야기의 끝은 아니겠지? 둘이 어떤 이야기를 나눴어?"

윌리는 눈을 찡긋거리고는 마치 역할극을 하는 배우처럼 말을 하기 시작했다. 한 번은 왕처럼, 다음 번에는 윌리 자신처럼.

"얘야, 너는 무척 만족스러운 모양이구나!"

"네, 그렇습니다. 라 왕이시여!"

"그 보리를 마치 맛있는 음식처럼 씹고 있다니……."

"라 왕이시여, 이것은 먹는 것입니다."

"얘야, 너는 도대체 누구냐?"

"저는 제 아버지의 아들입니다."

"그럼 너의 아버지는 누구냐?"

"우리 아버지는 이집트에서 제일 부자입니다."

"그건 왜 그런 거냐?"

"아버지는 이 보리밭을 갖고 있으니까요."

윌리는 자랑스럽게 대답했다. 그리고 라 왕이 눈을 번쩍이더니 보리밭을 휘 둘러보더라는 말도 했다. 윌리에 따르면 왕의 말을 시작으로 다음과 같은 이야기가 더 오고 갔다고 한다.

"나는 이 이집트를 모두 갖고 있다!"

그래서 윌리가 말했다.

"그건 너무 많아요!"

"뭐라고? 너무 많다고? 너무 많다니, 그게 도대체 무슨 말이냐? 어쨌든 나는 네 아버지보다 더 부자란 말이다."

월리는 고개를 저었다.

"아니에요!"

"내가 더 부자란 말이다! 네 아버지는 무슨 옷을 입고 있지?"

"저와 똑같은 옷이지요!"

월리는 무명 옷감으로 만든 자신의 옷을 왕에게 보여 주었다.

"그렇다면 내가 입고 있는 것을 한번 볼 테냐?"

라 왕은 몸에 걸친 금빛 망토를 활짝 펼치면서 말했다. 그 바람에 망토 자락이 월리의 뺨을 할퀴고 지나갔다. 당시에는 꽤나 따끔거리고 쓰셨다고 한다.

"이래도 네 아버지가 더 부자라고 우길 테냐?"

"아버지의 황금이 훨씬 더 넓어요. 아버지는 이 밭의 주인이잖아요!"

그러자 왕의 표정이 참으로 무섭게 바뀌었다.

"만약 이 밭을 내가 태워 버리면 어떻게 되지? 네 아버지에게는 뭐가 또 있지?"

"보리는 다시 나와요. 다음 해에도 우리 밭의 보리가……."

"감히 이집트 왕을 보리 따위에 비교하다니!"

라 왕은 고래고래 소리를 질렀다.

"왕은 보리보다 훨씬 더 찬란하게 빛난다! 그리고 보리보다 훨씬 더 오래 살지 않느냐!"

윌리는 그 말을 받아들일 수 없었기에 설레설레 고개를 저었다. 그러자 라 왕의 눈에서 마치 폭풍이 일어나는 것 같았다. 왕은 갑자기 호위병들을 돌아보며 사납게 소리쳤다.

"이 밭을 모조리 불태워라!"

병사들은 밭모퉁이에 불을 질렀다. 불이 커다랗게 타오르자, 라 왕은 또 말했다.

"이것 봐라, 꼬마야! 네 아버지의 보물이 어떻게 됐는지를! 이 보물이 이렇게 찬란하게 빛난 적이 있느냐? 그리고 앞으론 두 번 다시 이렇게 빛나지 못할 거다!"

보리밭이 새카맣게 타버리자, 왕은 그곳을 떠났다. 그러면서 소리쳤다.

"자, 어떤 것이 더 찬란한 금빛이냐? 보리냐, 왕이냐? 라 왕은 네 아버지의 보리보다 훨씬 더 목숨이 길단 말이다!"

왕이 말에 오르자 망토가 휘날리며 찬란하게 빛났다. 아버지는 그제서야 오두막집에서 슬그머니 나와서 중얼거렸다.

"우리는 이제 끝장이 났다. 도대체 왕은 왜 우리 보리밭을 태운 거지?"

윌리는 그 이유를 아버지께 이야기할 수 없었다고 했다. 윌리도 그 이유를 잘 알 수 없었기 때문이었다. 윌리는 집 뒤 조그마한 채

마밭으로 달려가서 막 울었다. 그런데 눈물을 닦으려고 손을 펼쳤더니 손바닥에 절반쯤 익은 보리 이삭이 착 붙어 있었다. 몇 천 개나 되는 황금빛 보리 이삭 가운데 오직 하나…… 마지막으로 남은…… 그건 보물이었다. 윌리는 그것마저 왕에게 뺏기지 않으려고 얼른 흙을 파고, 그 구멍에 보리알을 하나씩 하나씩 묻었다. 다음 해 여름, 이집트의 보리가 무르익을 무렵이었다. 밭에는 꽃과 참외 사이로 지난해 심은 보리 이삭 열 줄기가 솟아올라 있었다.

그 해 여름, 라 왕이 죽었다. 그리고 호화롭게 묻혔다. 이집트 왕들이 죽으면 단단하게 틀어막은 방에 보석과 비싼 옷, 갖가지 황금 그릇들과 함께 들어가서 잠이 들었다. 그 가운데 보리도 함께 가져가야 했다. 왕이 저승으로 먼 길을 가려면 배고프지 않게 보리가 있어야 한다는 것이었다. 도시에서 어떤 남자가 그 보리를 가지러 나왔다. 그 남자는 보리를 갖고 돌아가는 길에 윌리의 집 앞을 지나갔다. 윌리는 당시를 떠올리며 이렇게 말했다.

"몹시 더운 날이어서 보리를 갖고 가던 남자는 우리 집에서 잠깐 쉬었지. 그리고 너무 덥고 피곤한지 잠이 들었어. 나는 그 남자가 잠들자, 라 왕이 한 말을 곰곰이 생각해 보았어. 마치 라 왕이 다시 나를 내려다보며 소리치는 느낌이더군."

윌리가 기억하는 왕의 말은 이것이었다.

"이집트 왕은 보리보다도 훨씬 더 찬란하게 빛난다! 이집트 왕은 보리보다 훨씬 더 목숨이 길다!"

윌리는 서둘러 밭으로 달려갔다. 그리고 밭에서 보리 이삭 10개를 잘랐다. 윌리는 그 황금빛 줄기를 잠자고 있는 남자의 보릿단 속에 집어넣었다. 남자는 잠에서 깨어나자 곧장 보릿단을 들고 도시로 돌아갔다. 왕이 온갖 보석들과 함께 묻힐 때 윌리의 보리도 왕과 함께 거기 들어간 것이다.

이야기를 마친 바보 윌리는 가만히 내 보석 장식을 손으로 쓰다듬었다. 나는 윌리에게 물었다.

"윌리야, 그것으로 끝난 거야?"

"아니야, 아직 조금 더 남아 있어!"

윌리가 대답했다.

"그때부터 몇 백 년, 아니 실은 몇 천 년이 지난 뒤에 말이야, 사실은 작년에 생긴 일인데…… 이집트에 살던 영국 사람들 몇 명이 라 왕의 무덤을 발견한 거야. 그 무덤을 파 보니 다른 보석들과 함께 내 보리도 나타났지. 다른 황금 그릇들은 햇빛이 비치자 모두 스르르 무너져 내렸어. 그러나 내 보리는 그렇지 않았어. 영국 사람들은 그 보리알들을 영국으로 옮기기로 했어. 그리고 마침 우리 아버지 집 앞을 지나게 된 거야. 그리고 옛날 그 이집트 사람처럼 잠시 쉬게 된 거야. 그 사람들은 갖고 온 것을 아버지와 나에게 보여 주었어. 그래서 나도 한 번 만져 보았지. 그랬더니 정말 그 보리는 옛날 내가 넣어 두었던 그 보리더군."

윌리는 나를 보고 빙긋 웃었다. 기분 좋은 미소였다.

"그리고 그 가운데 한 알이 내 손바닥에 붙어서…… 그래서 이 밭 한가운데에 심었어."

나는 윌리에게 물었다.

"이 밭에서 자라났다면 그 줄기가 여기 베다 만 것들 사이에 남아 있겠구나?"

보리 자르는 기계가 돌아가며 마지막 보리 줄기들을 베어내고 있었다. 윌리는 앞장을 서며 나에게 따라오라고 손짓을 했다. 우리들은 얼마 남지 않은 황금빛 물결을 조심스럽게 살펴보았다. 그리고 윌리는 어떤 보리 이삭을 가리켰다. 그 이삭은 주위의 다른 어떤 이삭보다 굵었다. 그리고 햇빛을 받아 어떤 이삭보다도 밝게 빛나고 있었다.

"저게 바로 그 보리냐?"

나는 윌리에게 물었다.

윌리는 마치 장난꾸러기처럼 씩 웃으며 나를 쳐다보았다.

"확실히 다른 것보다 더 빛나는구나!"

내가 말했다.

"응……."

바보 윌리가 대답했다.

청소년을 위한
행복 처방전-독후행

각 장이 끝날 때마다 처방전을 작성한 사람은 보리 오빠라는 사람이다. 나는 보리 오빠라는 캐릭터에 충실하게 감정이입을 해서 처방전을 작성했다.

나는 동화 작가 엘리너 파전의 『보리와 임금님』 이야기를 읽으면서 글쓰기 자세를 배웠다. 엘리너 파전은 글을 참 쉽게 썼다. 꼭 쓱쓱 일기를 쓰는 것처럼 말이다. 그래서 술술 익히는 글이 되었는지도 모른다. 나는 『보리와 임금님』의 이야기가 너무 좋아 인터넷 아이디도 '보리 오빠'라고 만들었다. '보리 형'도 만들었지만, 이왕이면 여성들에게 내 이름이 더 많이 불리기를 바라며 '보리 오빠'라는 아이디를 더 즐겨 썼다. 그리고 이 책에서도 '보리 오빠'라는 아이디로 인터넷 상에서 말하듯이 글을 썼다.

좀 길지만 『보리와 임금님』을 각색해서 굳이 부록 끝에 읽기 자료로 넣은 이유가 있다. 나는 『보리와 임금님』에 나오는 왕이자, 교장이자, 동화 속의 '나'이자, 바보 윌리로서의 성장을 거쳤다. 그래서 보리를 심고, 보리를 키우고, 보리를 자랑하고, 보리를 인정하는 사람이 되어 글을 쓰고 있다.

살다 보면 힘든 일을 겪게 되어 있다. 그럴 때면 더 화려하게 반전을 보여 주려 무리수를 두었다. 그래서 더 상처를 입었다. 청소년, 청년, 중년 시기 모두 말이다. 『주먹을 꼭 써야 할까』의 주인공처럼 학교 밖을 기웃거리며 반항하기도 했고, 『뭘 해도 괜찮아』의 주인공처럼 꿈을 꾼다며 망상 속을 헤매기도 했으며, 『따분해』라는 책에 쓴 것처럼 열심히 살다가 갑자기 우울증에 걸리기도 했다. 맙소사, 심리학자가 우울증이라니.

그렇다. 책을 읽고 단지 머리로만 아는 것은 별로 도움이 되지 않았다. 더 이상 그렇게 머리만 앞세우며 살면 안 된다는 생각이 강하게 들었다. 그래서 나는 다른 선택을 했다. 머리와 가슴과 발이 함께 가는 독후행의 길을 말이다.

늪에 빠진 것 같은 상태에서 벗어나려 여러 가지를 시도했다. 결국 책이 돌파구를 만들어 주기 시작했다. 황금 같은 보리 들판을 꿈꾸며 땅에 보리 씨앗을 심는 기분으로 삶을 단련할 때 가장 좋은 것은 예전에 읽었던 책을 다시 읽는 것임을 그때 경험했다. 다른 사람에게 자랑하고 싶은 마음으로 읽었던 난해한 책부터 어렸을 때 읽었던 동화까지 다시 읽었다. 윌리의 보리처럼 길게는 수천 년을 이

어온 이야기들은 모두 감동을 주었다. 나는 그때 알게 되었다. 『보리와 임금님』에 나오는 보리가 결국 인간이 추구하는 진정성 있는 정신적 문화유산 혹은 꿈을 상징한다는 것을. 그리고 작가에게는 그것이 글일 수밖에 없다는 것을.

나는 청소년기 이후 줄곧 똑똑해지고 싶었고 남에게 인정받을 수 있는 화려한 능력을 갖고 싶었지만, 돌고 돌아 그제야 바보 윌리의 행복을 이해할 수 있게 되었다. 그리고 글을 찾기 시작했다. 나는 아직 성공한 작가라기보다는 그저 작가가 되는 것에 성공한 것일 뿐이다. 하지만 이제라도 '독후행'으로써 나의 밭에 보리를 심을 수 있게 되어 너무나 행복하다. 나는 『보리와 임금님』을 읽고 금보다 빛나는 보리를 알게 되었고, 나에게 보리는 글쓰기라는 것을 깨달았다. 글쓰기는 결국 책을 읽고 행동하는 나의 독후행이다. 이야기의 힘을 좋아하고 믿어 책을 읽는 것에서 더 나아가 이야기를 만들고 말하고 썼다. 그리고 이제는 보리처럼 내 생활을 하나의 멋진 이야기로 만들려고 노력하고 있다.

보리는 원래 나의 어릴 적 척박한 땅에는 없던 것이었다. 즉 극심한 열등생이었던 내 인생에 글은 없었다. 그러나 뭔지 모르겠지만 결핍된 것을 채우려 책을 읽고, 결핍된 것을 바탕으로 글을 쓰다 보니 밭에는 보리가 자라게 되었다. 수천 년이 지난 다음에도 멋진 문명을 건설한 왕의 보석은 남아 있겠지만, 윌리가 심은 보리 즉 문화처럼 아름답거나 생명력이 있지는 않을 것이다.

여러분이 쓰는 이야기는 언젠가 여러분이 세상에서 없어진다고 해도 계속 남아서 누군가에게 메시지를 줄 수 있다. 바보 윌리가 나에게 그랬던 것처럼. 내가 보리 오빠가 되어 윌리의 이야기를 전하는 것처럼.

이야기는 정말 마법과 같다. 『보리와 임금님』의 윌리가 자신이 이야기한 것처럼 수천 년 전 이집트에서부터 현재까지 살았거나, 라 왕과 이야기를 나눴을 리가 없다. 그러나 이야기는 그것을 문제 삼지 않는다. 이야기가 주는 감동이 더 중요하기 때문이다. 바보 윌리는 자신이 어떻게 살아왔으며, 앞으로도 어떻게 살 것인지를 『보리와 임금님』 이야기를 통해서 다 쏟아 놓았다. 그리고 자신을 바보라고 부르는 사람들에 의해 상처받은 마음을 이야기를 통해 치유하는 모습을 보여 주기도 했다. 덕분에 우리는 바보 윌리의 진가를 그의 이야기를 통해서 느낄 수 있었다.

여러분이 자신의 인생을 가지고 이야기를 쓴다면 어떤 가치를 넣어서 쓸 수 있을까? 여러분의 진가를 어떻게 느끼게 할 수 있을까? 다른 사람이 여러분의 마음을 얼마나 이해하게 만들 수 있으며, 다른 사람의 마음을 얼마나 움직일 수 있을까 생각해 보자. 그리고 그 생각을 글로 표현해 보자. 괴테가 베르터를 통해서 이야기했듯이 해야 하나 걱정이 앞설 수도 있다. 하지만 앞에서 이야기했듯이 글쓰기는 작가만 하는 것이 아니다. 일단은 여러분의 생각을 정리하라. 그리고 소통을 통해 더 지혜로워지겠다는 자세로 글쓰기에 도전하는 것이다. 이런 자세로 글쓰기를 한다면 분명 더 많은 사람들과의 소통을 통해 더욱 행복해질 것이다.

적어도 내 개인적 경험은 그랬다. 첫 책을 내고 4년 뒤에 두 번째 책을 낼 때까지도 줄곧 글을 썼지만 소통을 할 수가 없었다. 두 번째 책이 나온 다음에는 그 다음에 읽은 많은 책에 대한 내 생각을 정리하면서 글을 썼고, 그것을 바탕으로 1년에 최소 3권에서 최대 5권을 내는 부지런한 작가가 되었다.

작가의 글쓰기 힘은 글 읽기에서 나온다는 것을 체험으로 알게 되었다. 여러분도 자신의 가슴을 가득 채운 이야기를 바탕으로 일기나 수필, 독후감, 독후행 일지 등 자신의 이야기를 쓰면서 성장하는 감동스러운 경험을 하기를 바란다. 이것이 바로 보리 오빠의 마지막 독후행, 아니 행복 처방전이다.

셰퍼드 코미나스는 그의 책 『치유의 글쓰기』를 통해 개인적 글쓰기로 삶을 회복하고 행복을 일구는 길을 보여 주었다. 꼭 커다란 문제가 있는 사람만 글로써 치유를 해야 하는 것은 아니다. 글쓰기를 통해서 더욱 행복할 수 있기 때문에 글을 쓰라고 권하는 것이다. 읽기 책을 마무리 하는 시점에서 글쓰기를 강조한 것도 바로 이 때문이다. 부디 성장하는 글 읽기와 글 쓰기로 자신을 더 단련시키며 인생을 하나의 성숙한 이야기로 만드는 길을 가기를 기원하고 싶다.

이남석

참고 자료

※ 이 책을 구성하는 데 도움을 준 자료의 목록입니다.

- 모리스 샌닥, 『괴물들이 사는 나라』, 시공주니어, 2002
- 김미라 · 이남석, 『엄마의 질문법 : 아이를 글로벌 리더로 키우는』, 한겨레에듀, 2012
- Mikael Krogerus, 『Question Book』, Profile Books, 2012
- 한스 크리스티안 안데르센, 『안데르센 동화집 : 완역본—All Ages' Classics』, 보물창고, 2011
- 민가영, 『여성학 이야기 : 인어공주는 왜 왕자를 죽였을까』, 책세상, 2007
- 로버트 스턴버그, 『로버트 스턴버그의 사랑의 기술』, 사군자, 2002
- 쥘 베른, 『80일간의 세계일주』, 열림원, 2007
- 쥘 베른, 『15소년 표류기』, 열림원, 2006
- 루시 모드 몽고메리, 『빨간 머리 앤』, 인디고(글담), 2008
- 조앤.K.롤링, 『해리포터』 시리즈, 문학수첩, 2008
- 제임스 메튜 배리, 『피터 팬』, 인디고(글담), 2013
- 마거릿 미첼, 『바람과 함께 사라지다』, 열린책들, 2010
- 요한 볼프강 폰 괴테, 『젊은 베르테르의 슬픔』, 민음사, 1999
- 요한 페터 에커만, 『괴테와의 대화』, 민음사, 2008
- 이성복, 『아, 입이 없는 것들』, 문학과지성사, 2003

기타 원문 인용은 모두 구텐베르크 사이트(http://www.gutenberg.org)를 이용했습니다.

해리 포터와 피터 팬은 친구가 될 수 있을까?

ⓒ 이남석, 2015

초판 1쇄 발행일 2015년 9월 5일
초판 5쇄 발행일 2024년 4월 1일

지은이 이남석
펴낸이 정은영

펴낸곳 ㈜자음과모음
출판등록 2001년 11월 28일 제2001-000259호
주소 10881 경기도 파주시 회동길 325-20
전화 편집부 (02)324-2347, 경영지원부 (02)325-6047
팩스 편집부 (02)324-2348, 경영지원부 (02)2648-1311
이메일 jamoteen@jamobook.com

ISBN 978-89-544-3179-8 (44080)
       978-89-544-3135-4 (set)